직딩의 정석

직딩의 정석 4MZ

2판 1쇄 발행 : 2022년 1월 10일

지 은 이 김동근
펴 낸 이 김종욱

펴 낸 곳 미문사
주   소 파주시 회동길 325-22 세화 빌딩
신고번호 제 382-2010-000016호
대표전화 (032) 326-5036, 070-8749-3550, 010-6471-2550
팩스번호 (031) 360-6376
전자우편 mimunsa@naver.com
문   의 010-7668-8990, dgkim.PE@gmail.com
I S B N 979-11-87812-28-9 부가기호 03700

Employee 101

직딩의

4MZ

정석

김동근 지음

미문사

당신과 회사가 모두 성공하려면

회사 생활을 시작한 지 올해로 37년이 되었다. 그 사이 3년 즈음의 군복무 기간과 두어 해 동안 직접 사업을 영위한 기간도 있었지만, 그 또한 조직 생활의 일부였으니 구태여 차감할 필요는 없으리라.

그동안 내가 다녔던 회사를 살펴보면 민간 건설사 한 곳, 정부재투자기관 두 곳, 미국계 글로벌기업 두 곳, 그리고 중소기업 한 곳 등이다.

나 역시 학교에서 배운 내용만을 가지고 좌충우돌 실무를 익히려니 오늘에 이르기까지 많은 시행착오가 있었다. 회사 생활은 어떻게 시작해야 하고, 어떻게 하면 일을 더 잘할 수 있는가에 대해 누군가가 앞서 정리해 놓은 책이 있었더라면 좋았을 것이라는 아쉬움이 적지 않다.

학계와 산업계의 괴리가 심각하다고 말하지만 그중 대표적인 것 중 하나를 들자면, 대부분의 사람들이 '회사 생활을 어떻게 해야 하는지'에 대한 준비 없이 직장인의 삶을 시작한다는 점일 것이다.

회사는 분명 해당 직무를 전공한 사람을 뽑았음에도 불구하고 곧바로 업무에 투입하지 못하고 재교육하는 데 한두 해를 보내야 하는 것은 이미 일상이 되어버렸다. 이는 기업들이 무한 경쟁 시대에 대비하기도 모자란 시간에 (학교에서 마무리하지 못한) 새내기들의 기본 역량 교육을 위해 별도의 시간과 비용을 지출해야 한다는 말과 같다.

그나마 재정적으로 여유가 있는 대기업의 경우 직원 교육프로그램을 만들어 지속적으로 교육할 수 있지만, 중소기업은 그조차 여의치 않은 형편이다. 기업체 수로는 99.9%가 그리고 고용 인원 기준으로는 87.7%가 중소기업이니, 이런 상황을 방치하는 것은 결국 우리나라의 국가 경쟁력 측면에서도 매우 심각한 문제가 아닐 수 없다.

이 책은 필자가 말단 사원으로 시작해 대리, 과장, 부장, 이사, 본부장을 거쳐 현직 부사장으로 근무하며 수많은 실무 현장에서 실제 보고 느낀 점을 정리한 것이다. 회사에서 직원 교육에 직접 활용되고 있는 내용도 상당수인 바, 비슷한 처지에 있는 많은 회사들에게 경험을 공유하고자 책으로 묶어내게 되었다.

필자는 학생과 회사원의 차이가 무엇인가로부터 시작하여, 회사가 기대하는 바를 충족하기 위한 마음가짐, 일상 업무에서 소홀히 다루어지지만 실제로는 중요한 것들, 그리고 업무 생산성을 높이기 위한 몇 가지 팁에 대해 이야기하였다.

이 책은 말단 사원에서부터 중간 관리자 그리고 고급 관리자에 이르기까지 우리나라 기업들의 경쟁력이 과연 어느 곳에서 새고 있는지, 어디가 또 무엇이 잘못되었는지에 대하여 다시금 생각하게 할 것이다. 또한, 조직 구성원 각자가 경쟁력을 갖추기 위한 기본적이고 실질적인 내용들은 무엇인지 이해와 공감을 이끌어 낼 수 있게 될 것이다.

더불어, 머지않아 경제 활동을 시작하게 될 나의 아들 준호와 딸 준영에게도 좋은 나침반이 되기를 소망한다.

2014년 10월

텀즈 김동근 씀

차 례

1장 마음가짐

2장 직장 예절

3장 일을 대하는 자세

4장 기본기 다지기

5장 커뮤니케이션

비즈니스 커뮤니케이션

01

마음가짐

회사가 학교와 다른 점

회사는 내가 모르는 것을 배우러 오는 곳이 아니다.

학교를 갓 졸업한 신입 직원들이 모인 자리에서 얘기할 기회를 갖게 되면 나는, "회사가 학교와 다른 점이 있다면 무엇일까?"라는 질문을 종종 던지곤 한다.

딱히 정답이 있는 질문이 아니기에 여러 종류의 대답이 나왔다. 하지만 내가 기대했거나 혹은 들려주고자 하는 모범 답안은 이렇다.

"학교를 다닐 때에는 내가 학교에 돈을 냈는데, 회사를 다니면서부터는 내가 회사로부터 돈을 받게 되었다는 점입니다."

이 말 속에 나와 상대가 있고, 양측이 돈을 주고받는다는 점 등에 있어 얼핏 비슷해 보인다. 하지만 내가 돈을 주느냐, 받느냐가 뒤바뀐 입장이 되었으니, 어쩌면 이것이 회사와 학교 간의 가장 큰 차이로 손꼽을 수 있는 점이 아닐까?

이런 말로 얘기를 시작하는 이유는, 회사는 모르는 것을 배우러 오는 곳이 아님을 확실히 해두기 위해서다.

거의 대다수의 신입 직원들이 학생의 티를 벗지 못한 채 회사 생활을 시작하기 때문에 '내가 잘 모르는 것은 어쩌면 당연하다'거나, 또는 '내가 모르면 나보다 먼저 회사 생활을 시작한 누군가가 나에게 가르쳐 줄 것'이라는 막연한 기대를 갖게 된다.

그러나 자본주의적 사고에 의하면 이 얘기는 옳지 않다. 임직원은 회사에 노동을 제공하고, 그 대가로 회사가 임직원에게 급료를 지급하는 고용계약 관계에서는 더욱 그러하다.

즉 회사는 채용된 직원들이 '자기 임무를 수행하는 데 필요한 모든 것들을 미리 익히고 입사할 것'이라는, 어쩌면 당연한 기대를 하게 된다. 만일 그렇지 않다면, 회사는 정상 가격을 지급하고서도 채 완성되지도 않은 제품을 사는 경우와 같다. 당신을 채용한 회사는 과연 이런 거래에 만족스러워할 것인지 생각해 볼 필요가 있다.

학교에 다닐 때에는 누구나 많은 배려를 받는다. 학생 신분이라는 이유만으로 무엇이든 자유로이 배우고 물을 수 있다. 또한, 학교에서는 교육과정이라는 것이 있어서 미리 정해진 내용을 순서대로 가르친 후 평가를 한다. 평가결과가 좋든 나쁘든 그 다음 순서로 예정된 교과정을 한 번씩 배우고 익힐 수 있는 기회가 모두에게 제공된다.

그러나 회사에서는 직원을 잘 양성하는 것보다는 회사에 부여된 업무를 가장 효율적으로 달성하는 것이 일차 목표이다. 그러므로 모든 임직원들에게 같은 일을 해볼 기회가 고루 주어질 것이라는 것은 기대하기 어렵다.

회사에서는 오히려 자신의 능력을 보여 줄 수 있도록 새로운 일감을 잡는 기회조차 '부익부 빈익빈富益富 貧益貧'이라는 사회 현상이 그대로 적용된다. 즉, 한 가지 일을 잘 해낸 임직원에게는 자신의 실력을 멋지게 보여줄 수 있는 일감이나 기회가 다음에도 또 제공된다는 것. 아쉽게도 빈익빈의 수레바퀴에 타고 있는 사람의 경우엔 그 정반대다.

이제까지 당신이 세상을 바라보던 인식의 틀을 바꾸어야 한다. 다시 한 번 강조한다. 회사는 학교가 아니다.

💡'회사는 공동의 꿈을 나누는 곳이다.' [빌게이츠, 마이크로소프트 창업자]

02

하나를 보면 열을 안다

복사 심부름조차 제대로 못해내는 당신에게
더 어려운 일을 맡기고 싶은 선배 직원들이 있을까?

도산 안창호 선생이 하신 말씀 중에 '큰일이건, 작은 일이건 네가 하는 일을 정성껏 하여라.'라는 구절이 있다. 이 말은 작은 일에도 혼을 실어 일하라는 뜻이다.

어떤 부서에 신입 직원이 배속되었다고 생각해 보자. 청운의 푸른 꿈을 가슴에 안고 학교에서 배우고 닦은 실력을 제대로 발휘하리라는 마음으로 임한 그에게 주어진 첫 번째 일은 고작 '회의 자료를 몇 부 복사해 오라'는 선배 직원의 심부름이다. 참으로 화가 나고 기가 막힐 노릇이 아닌가. 내가 이런 정도의 일을 하기 위해 지난 십수 년 간 학교에 다니고 밤새워 공부했나 싶기조차 하다.

그러나 복사 심부름과 같이 간단한 일도 제대로 해내려면 결코 쉽지 않다. 복사기는 공동으로 사용하는 사무기기이므로 최적의 성능을 발휘하도록 세팅되어 있지 않은 경우가 대부분이다. 앞 사람이 복사기 유리 표면에 수정액이라도 묻혀 놓고 간 경우라면 원본에 없던 검은 얼룩들이 보기 싫게 복사된다. 또 복사 농도가 표준에 비해 너무 진하거나 흐리게 세팅되어 있는 상태를 무시한 채 그냥 복사했다가는 원본 품질과는 매우 동떨어진, 질 나쁜 복사본을 얻게 될 것이 자명하다.

복사기의 상태가 나빠서 좋지 않은 복사본을 얻게 된 것은 당신 책임이 아니지 않느냐고?

하지만 결코 그렇지 않다. 회사에서는 여건과 상황이 어찌되었던 당신의 손을 거쳐 나온 결과물은 모두 당신의 성과로 여기기 때문이다.

정답부터 얘기해 보자.

① 복사의 원본으로 주어지는 문서는 대개 한쪽 귀퉁이가 스테이플러stapler로 묶여 있는 경우가 많다. 이것을 분해하지 않고 그냥 복사했다가는 2쪽부터는 접힌 자국 때문에 원본에 없던 검은 사선이 보기 싫게 복사될 것이 틀림없다. 그러므로 먼저 스테이플러 침을 조심스레 빼내는 것이 중요하다.

② 그 다음에는 첫 페이지를 복사기 유리 위에 정확히 올려놓은 후 우선 한 장만 복사해 본다.

③ 복사본과 원본을 대조하여 혹 원본에 없던 얼룩이 복사본에 나타나는지, 원본에 비해 지나치게 진하거나 흐리게 복사되지 않는지 꼼꼼히 살펴가며 복사기 세팅 상태를 점검해야 한다.

④ 복사기가 최상의 상태로 세팅되면 비로소 필요한 부수만큼 복사를 진

행한다.

⑤ 여러 부를 복사할 때는 (페이지 순서대로 자동으로 분류해주는 장치가 있는 경우가 아니라면) 복사가 끝난 뒤 사본을 페이지 순서에 맞게 재분류해야 한다.

⑥ 그 다음엔 원래 묶여 있던 것과 동일한 크기의 스테이플러로 원본을 조심스럽게 복원시킨다. 복사본도 원본과 같은 위치에 스테이플러로 찍어 철한다.

⑦ 원본은 맨 위쪽에 그리고 사본은 그 아래에 위치하도록 가지런하게 챙긴 후 상사나 선배 직원이 보는 방향 쪽으로 돌려 두 손으로 공손히 건넨다.

이때 위의 ⑤번과 ⑥번 사이에 한 가지 과정을 추가하면 더 좋겠다. 여러 부의 복사본을 만드는 과정에서 페이지가 누락되거나 혹은 같은 내용이 두 장 이상 들어가 있지는 않은지, 혹은 용지의 방향이 거꾸로 뒤집혀 있지는 않은지 반드시 점검하는 것이 좋다. 흔히 바쁘고 급한 상황에서 실수가 빚어진다. 이렇듯 사소해 보이지만 상대방에게는 큰 허점으로 비쳐질 수 있는 경우는 가급적 피해야 한다.

생각해 보라. 복사 심부름조차 제대로 못해내는 당신에게 더 어려운 일을 맡기고 싶은 선배 직원들이 있을까? 잘 나가는 직원들의 특징 중 하나는 복사해오라는 상사나 선배의 지시를 단순한 복사 업무로만 보지 않는다. 그들은 복사된 문서가 어떤 용도에 쓰일 것인지 까지 생각해 보고 거기에 알맞게 준비한다.

복사, 자료 정리, 심부름 등 하찮게 보이는 일도 조직 운영에 있어서는 필수 불가결한 업무다. 이 점을 명심하고 항상 최선을 다하라.

회사는 누구나 할 수 있다고 생각하는 쉬운 일조차 허투루 생각하지 않고 깔끔히 처리하는 신입 사원에 주목한다. 그 결과 한 단계 더 높은 수준의 일을 처리할 기회는 그런 사람에게 우선적으로 돌아간다.

03

"너나 잘 하세요"

신뢰가 바탕이 된 조직 문화에서는 동료에게 어떠한 의구심도 품지 않은 채
각자 자신의 일에 몰두하면 그만이다.

'**남**의 눈의 티는 잘 보여도 내 눈의 들보는 못 본다.'는 말이 있다.

💡 '어찌하여 너는 남의 눈 속에 있는 티는 보면서, 네 눈 속에 있는 들보는 깨닫지 못하느냐?'
   [마태복음 7:3]

티와 들보는 그 크기를 비교할 수 없을 만큼 차이가 나는데 남 눈의 티
가 내 눈의 들보보다 더 잘 보인다니, 그 이유는 무엇일까? 혹 바둑이나
장기를 둘 때 당사자보다 주위에서 훈수하는 사람에게 좋은 수가 더 잘
보이는 것과 비슷한 경우일까? 아니면 내 눈과는 달리 남의 눈은 거울 없
이도 쉽게 볼 수 있기 때문일까?

회사에서는 조직 공동체에 맡겨진 일을 각 부문별로 나누어 수행한다.
그 일은 다시 잘게 쪼개져 개인에게 할당된다. 이것이 바로 흔히들 얘기

하는 팀워크다. 따라서 이론적으로는 각자 자신에게 맡겨진 일만 깔끔하게 처리하면 그만이다. 그런데 웬일인지 자신의 일보다는 남의 일에 대해 관심과 참견을 더하는 사람들이 더러 있다.

자신의 일에 대해 완벽하게 하지 못했다고 지적을 받을 때엔 일이 그렇게 된 사유와 향후 개선 대책에 대해 꿀 먹은 벙어리처럼 있다가, 동료가 지적받는 순간이 되면 신랄하게 그의 부족함을 함께 비난하는 행태도 보인다. 마치 자신의 성과가 시원찮은 데에는 동료의 실력 부족과 잘못이 큰 원인이라는 얘기를 하고 싶은 것처럼.

"일 잘하는 직원은 해결 방법을 찾고, 일 못 하는 직원은 빠져나갈 구실을 찾는다."고 했다.

자신에게 부여된 임무도 제대로 해내지 못하면서 다른 사람의 목표 달성이나 품질 성취 여부에 대해 이러쿵저러쿵 말하는 사람은 정말 문제다.

이런 사람들에게 꼭 들려주고 싶은 말이 있다. 2005년도에 상영된 영화 '친절한 금자씨'에서 배우 이영애 씨가 냉소적으로 내뱉던, "너나 잘하세요."라는 대사를 말이다.

회사에서는 기본적으로 함께 일하는 동료의 역량을, 가치관을, 그리고 도덕성을 믿어야 한다. 자신의 동료가 최고라 믿으면 그 사람이 하는 일 역시 최선의 결과를 낼 것이라 확신할 수 있다. 그것이 곧 신뢰이며, 신뢰가 바탕이 된 조직 문화에서는 동료에게 어떠한 의구심도 품지 않은 채 각자 자신의 일에 몰두하면 그만이다.

"난 잘하고 있지만 다른 사람들 때문에 상황이 어려워졌다"는 피해의식을 가질 이유가 없다.

우리 모두 그리스 델포이 신전 입구에 새겨져 있다는 '너 자신을 알라.'라는 격언을 곱씹어 보며, 항상 겸손한 태도를 취하고 다른 사람에 대해 쉽고 가볍게 판단하는 것을 삼가자.

04

열심히 하기보다
잘하려 애쓰라

자신의 능력과는 별개로 '그저 열심히만 하면 되겠지'라는 생각은
어리석다 못해 위험스럽기까지 하다.

요즘 청년 실업 문제가 큰 걱정이라는 얘기를 참 많이 듣는다. 학교를 졸업하면 대부분 회사에 취업하는 것이 당연한 수순이었던 시절도 있었는데 어느 순간부터 그러한 공식이 깨지기 시작한 거다.

그런데 참 이상한 점은 회사는 직원을 구하기가 여전히 어렵다는 것이다. 2021년 5월 기준, 학업을 마친 뒤 일자리를 구하지 못한 청년의 숫자가 115만 명가량 된다니 이는 분명 수요와 공급의 불균형 문제는 아닐 터.

내가 근무하는 회사에서도 일할 사람을 뽑지 못해 늘 애를 먹는다. 아, 물론 좀 더 정확히 얘기한다면 '좋은 사람'을 구하지 못해 고심한다는 얘기다.

여기서 잠깐. 가만히 살펴보니 지금까지의 말 속에 해법이 있어 보인다. 즉, 당신이 취업하기 원한다면 회사가 바라는 '좋은 사람'이 되기 위해 노

력하는 것이 우선되어야 한다. 일자리를 원하는 사람은 많지만 회사의 기준에 부합되는 좋은 사람은 드물기에 하는 말이다.

그렇다면 회사가 원하는 좋은 사람이란 어떤 사람일까?

서류전형 – 필기시험 – 면접시험은 통상 취업 관문을 뚫기 위한 3종 세트다. 그중에서도 특히 면접시험이 중요한데, 서류전형이나 필기시험 성적을 통해 가졌던 선입견이 면접을 통해 완전히 뒤바뀌는 경우가 종종 있기 때문이다.

나는 면접을 끝내기 전 피면접자에게 입사 후 각오를 꼭 물어보는 편인데, 대개는 "열심히 하겠습니다."라는 너무도 천편일률적이고 실망스러운 답변이 돌아온다.

열심히 한다는 말은 '어떤 일에 온 정성을 다하여 골똘하게 한다.'는 뜻이다. 다른 말로 '최선을 다한다.'는 말이 있는데 이 또한 '온 정성과 힘을 다한다.'는 의미이니 열심히 한다와 비슷한 말일 것이다.

온 정성과 힘을 다하여 골똘하게 일을 추진하면 대개 결과도 좋으리라 예측할 수 있다. 하지만 이 말이 항상 옳은 것은 아니다. 개개인의 역량에 차이가 있으므로 일의 품질은 그에 따라 천차만별로 달라진다.

사람의 개별 역량을 숫자로 계량화할 수 있다고 가정해 보자. 높은 능력을 가진 사람을 100으로, 중간을 60으로 볼 때, 20이나 30 정도면 비교적 낮은 수준이라 할 것이다.

30의 역량을 가진 사람이 최선을 다했을 때 그 결과는 40을 넘기 어렵다. 반면 60의 역량을 가진 사람이 열심히 하면 그 결과는 70, 대충 일해도 50 정도의 결과를 낼 수 있다.

그러므로 당신 자신이 '열심히 했다', '최선을 다했다'는 것보다 회사 입장에서는 '일을 얼마나 잘 해냈느냐'를 더욱 중요하게 본다는 점을 잊어서는 안 된다.

이제는 생각을 바꾸라. 열심히 하겠다는 생각을 버리라는 말이 아니라, 일을 '잘 하겠다'는 마음을 가지라는 말이다.

- 먼저 주어진 일을 잘 해내기 위해 필요한 것은 과연 무엇인지 치열하게 고민하고
- 나무를 자세히 들여다보는 한편, 때로 멀찍이 떨어져 숲의 모습도 바라보면서
- 역지사지易地思之의 정신으로 그 일의 결과를 받게 될 동료, 상사 및 고객의 입장도 헤아려 보라.

그렇게 일한다면 분명 좋은 결과를 얻게 된다.

항간에는 2차 대전의 전쟁 영웅으로 잘 알려진 몽고메리 장군의 리더론에서 유래한 똑부, 똑게, 멍부, 멍게에 관한 얘기가 유행한다. 여기서

- 똑부는 똑똑한데다 부지런하기까지 한 사람
- 똑게는 똑똑하지만 게으른 사람
- 멍부는 멍청하지만 부지런한 사람
- 멍게는 멍청하면서 게으르기까지 한 사람을

각각 줄인 말인데, 원래는 리더leader의 유형을 단순 분류한 내용이었지만 신입 직원의 경우에도 이를 적용해 볼 수 있겠다.

당신은 이 네 가지 유형 중 가장 문제가 되는 직원이 어떤 타입이라고

생각하는가?

혹 이에 대한 답으로 멍게를 지목하지는 않았는지.

멍청하면 그 약점을 만회하기 위해 부지런하기라도 해야 할 터인데 게으르기까지 하니 가장 문제가 클 것이라는 생각을 하기 쉽다. 하지만 그건 조직 생활 원리에 딱 들어맞는 답이 아니다.

정답은 멍부. 즉 멍청하지만 부지런한 사람이 가장 위험하다는 것이다.

그 이유는 다음과 같다. 능력도 없는 사람이 열심히 하면 열심히 하는 만큼 많은 문제를 만들기 쉽다. 회사는 발생된 문제를 추스르느라 별도의 시간과 비용을 끊임없이 투입하게 된다. 즉 목적의식이나 방향감각 없이 열심을 다하게 되면 이는 조직에 나쁜 결과를 미칠 뿐이다. 그러므로 자신의 능력과 별개로 '열심히만 하면 되겠지'라는 생각은 어리석다 못해 위험스럽기까지 하다.

일을 잘할 것 같은 확신을 면접관에게 심어주지 못한 채 그저 "뽑아만 주신다면 열심히 하겠습니다."라는 답변을 하는 입사지원자.

회사 입장에서는 '혹 내가 멍부를 한 명 더 뽑게 되는 건 아닌가?'라는 걱정을 할 수도 있다는 점을 잊지 말자.

05

기본이 중요하다

쓰임새에 있어 중요한 것은
우리말과 우리 문화를 잘 아는 기본 역량이 바탕이 된 상황에서
외국어를 잘하는 능력을 요구하는 것이다.

'국밥'이라는 제목의 책을 본 일이 있는가? 원제목은 '국어 실력이 밥 먹여준다.'인데 표지 디자인에서 앞의 두 글자를 크게 강조해 얼핏 보면 제목이 마치 '국밥'처럼 보이는 책이다.

나는 이렇게 참신한 디자인 아이디어도 좋아하지만, 우선은 국어 실력이 밥 먹는 데 도움이 된다는 저자의 주장에 크게 공감한다.

지구촌地球村, 세계는 하나 등, 글로벌 시대임을 상징하는 여러 말들이 나오기 시작하면서 외국어 실력이 중요하다는 판단을 많이 하는가 보다. 그래서 어릴 적부터 자녀를 외국으로 유학 보내는 집이 많아졌다. 그러한 사회 현상의 부산물이 '기러기 아빠'이고 말이다.

유학을 보내는 데 있어 가급적 어릴수록 더 좋다는 인식은 어디에서 온 걸까? 아마두 마더텅mother tongue에 근접할 수 있기를 희망하는 듯하다. 그

러나 쓰임새에 있어 보다 유익한 것은 우리말과 우리 문화를 잘 아는 기본 역량이 바탕이 된 상황에서 외국어를 잘하는 능력이다. 그저 영어만 잘하는 사람을 찾는다면 태생부터 영국인이나 미국인을 고용하면 될 것 아닌가?

외국 바이어가 왔을 때, 또는 회의석상에서 통역을 할 때, 우리말을 영어로 또 영어를 우리말로 바꾸어 내려면 우리말을 자유자재로 쓰고 그 뜻을 명확하게 아는 능력이 우선되어야 한다.

문제는 어린 시절 외국에서 공부한 젊은이들의 상당수가 우리말의 의미를 명확하게 알지 못한다는 데 있다. 일상 대화는 가능하더라도 회사에서 사용하는 우리말과 글에 한자漢字에서 유래된 단어가 많이 섞여 있다 보니 실무 현장에서 어려워하는 경우가 많다.

그래서 나는 당신에게 기본 한자를 공부하라고 권하고 싶다. 국가에서 설정해 놓은 교육 정책이 어떻든 간에, 한자는 우리말도 외국어도 아닌 그 중간 위치에 있는 것이 사실이기 때문이다. 우리말이 1, 외국어를 2로 보았을 때 그 정중앙이 1.5라고 한다면, 한자는 1.25 정도로 우리 말 쪽에 좀 더 치우쳐 있다 하겠다.

교육부에서 교육용 기초 한자로 정해 놓은 글자 수는 1,800자에 달한다. 하지만 그 숫자에 놀라 지레 겁을 먹기보다는 그의 반, 아니 반의반인 450자 만이라도 제대로 익혀 보겠다는 마음가짐이 중요하다.

어릴 때부터 외국에서 공부한 사람이 우리나라에 와 시험을 본다고 가정해 보자. 질문을 정확하게 이해하지 못하는데 어떻게 제대로 된 답을 작성할 수 있겠는가. 번역해야 할, 통역해야 할 말을 정확하게 이해하지 못하는데 어떻게 제대로 된 외국어로 바꾸어낼 수 있겠는가.

동태찌개를 'dynamic stew'라 써 놓은 것에 대해 보도한 TV 프로그램(*2013. 10. 18. MBC TV 보도)을 본 적이 있다. 글로벌 시대에 우리나라를 방문한 외국 손님들을 위해 한식 메뉴를 영어로 표현하는 과정에서 벌어진 일이라고 한다. 한영사전을 찾아보면 동태는 dynamic으로 찌개는 stew라고 나와 있어 이를 단순 조합함으로써 생긴 해프닝이라는 것인데, 참으로 입맛이 쓰다. 물론 위의 동태는 우리가 즐겨 먹는 생선인 동태凍太가 아니라 움직이거나 변하는 모습을 의미하는 동태動態를 찾았기에 생긴 일이라지만, 이유야 어찌되었던 그냥 웃고 넘길 일만은 아니지 싶다.

육회는 'six times'라고 번역해 적어 놓았다고도 한다. 육회肉膾와 6회六回를 구분하지 못해 생긴 일일 터. 이것이 과연 영어 실력이 부족해서일까? 국어 실력이, 좀 더 정확히 보면 기본 한자조차 이해하지 못하는 것에 기인하는 것은 아닐까?

모든 일에는 순서가 있는 법이다. 우선 기본기를 닦고 나서 그 다음에 다양한 기교를 배우고, 결국 자기만의 것을 찾아내야 한다. 기본이 안 돼 있는 상태에서 그 다음 순서를 서둘러 밟게 되면 부실하다. 부실한 사람이 하는 일은 그 결과 역시 부실해진다.

기본으로 돌아가자. 백 투 더 퓨처Back to the future 보다, 백 투 더 베이식Back to the basic이 더 절실한 이유가 바로 여기에 있다.

06

무슨 일이든 제대로 하기

머릿속에 전체 그림이 들어 있다면
이번에 처리하는 일과 앞으로 하게 될 인접한 일들과의
상관관계를 생각해 가며 일할 수 있다.

회사에서 동일한 과업을 서로 다른 두 직원에게 부여했다고 가정해 보자. 비슷한 결과가 나올 것이라는 예상과는 달리, 어떤 직원이 그 일을 처리했느냐에 따라 실제 결과는 꽤 많이 다르게 나타난다.

그 이유는 무엇일까?

열정? 혹은 역량의 차이? 두 가지 모두 해당되는 얘기일 수 있으나 이번에는 일하는 방식의 차이에 대해 얘기해 보자.

직원 수 80여 명 수준의 회사에서 북 카페book cafe를 하나 만들기로 했다. 죽어 있던 공간에 구조 변경을 통해 차를 마시고 휴식을 취할 수 있도록 깔끔한 카페를 만들고 주위 공간은 책을 읽을 수 있도록 꾸미는 작업이었다.

인테리어 작업이 끝나고 도서를 구입, 비치하는 일이 이어졌는데, 박현

수 대리는 이번 기회에 제대로 된 도서 관리 방식을 도입하기로 마음을 먹었다. 정규 도서관에서 시행하는 대로 십진도서분류법에 따라 분류한 뒤, 스티커를 부착하고 장서인을 날인하며, 체계적인 대출 관리를 시행해 나가는 것이 그것. 비록 지금은 전담 사서도 없고 장서량 수십 권에서 출발한 작은 회사 문고에 지나지 않지만, 박 대리는 마음속에 별도 공간의 도서관을 갖춘 미래의 큰 회사 모습을 그렸기 때문에 가능한 일이었다.

처음 시작할 때 대충하면 나중에 제대로 할 수 있는 환경이 왔을 때 많은 시간과 비용이 추가로 든다. 반면 처음부터 체계를 잡아 두면 때가 왔을 때에도 양적인 성장만을 고려하면 된다. 질적인 부분은 이미 상당 부분 완성되어 있기 때문이다.

조각 그림 맞추기 jigsaw puzzle라는 놀이가 있다. 아래 그림에 보인 형태의 조각 그림 맞추기 놀이를 통해 멀리 내다보며 일하는 방식을 잘 배울 수 있다.

대개의 회사에서는 해야 할 일의 양과 지금 당장 할 수 있는 일양의 차이 때문에 딜레마dilemma에 빠지는 경우가 많다. 즉 할 일은 태산이지만 사람과 예산이 부족해서, 또는 때가 다소 일러 지금 처리하지 못하는 일들이 많다는 얘기.

이런 경우에는 당연히 중요하거나 시급한 것부터 처리하게 되는 것이 보통이지만, 일의 착수 순서만이 다를 뿐 결국 언젠가는 모두 처리해야 할 일이다. 이때 일을 하는 사람의 머릿속에 전체 그림이 들어 있다면 이번에 처리하는 일과 앞으로 하게 될 인접한 일들과의 상관관계를 생각해 가며 일할 수 있다. 또 전체 그림이 완성되었을 때의 모습을 가정해 가면서 일을 할 수도 있을 터이고 말이다.

지금 당신이 맡은 일이 전체 그림에서 어떤 위치에 있으며 어떤 형상이 되어야 하는가를 한 번쯤 미리 챙겨보는 것. 일을 잘하기 위해 꼭 필요한 과정이다.

"과연 박 대리에게 맡기면 뭔가 다르다."는 주변의 좋은 평가가 자연스레 나올 수 있도록 항상 깔끔하게 업무를 처리하라. 아무리 사소해 보이는 일이라도 치열하게 궁리하면 남들이 전혀 예상치 못했던 훌륭한 결과를 만들어 낼 수 있다.

07

디테일에 강한 사람 되기

그냥 지나칠 수 있는 사소한 부분에까지 완성도에 집중하는 것. 이것이 바로
명품을 만들기 위한 필요조건이며 곧 디테일이 중요한 이유다.

나는 평소 품질의 중요성에 대해 자주 강조를 하는 편이다.
　　제품이나 서비스의 품질은 결국 상향식bottom-up으로 완성된다. 즉
하나 하나의 작은 요소가 모여 덩어리를 이루고, 몇 개의 덩어리가 모여
하나의 제품을 이루는 식이다. 따라서 제품의 품질이 담보되려면 이를 구
성하고 있는 작은 요소들의 품질이 완전해야만 가능한 일이다.

　다음 그림을 보고 예를 들어 보자. 왼쪽의 회색 원을 오른쪽에 있는 것
처럼 오렌지색 원으로 색상을 바꾸려면 어떻게 해야 할까?

모든 그림은 수없이 많은 작은 점, 즉 화소畵素로 구성되어 있다. 그러므로 그림을 구성하고 있는 회색 화소 하나 하나가 모두 오렌지색으로 바뀌었을 때 비로소 전체 원이 오렌지색으로 보이게 된다.

만약 전체가 아닌 절반의 점만이 오렌지색으로 바뀌었다면 아래처럼 얼룩덜룩하게 보일 것이다. 그러므로 한 개의 예외도 없이 모든 화소가 오렌지색으로 바뀌어야 한다는 것. 이것이 바로 당신이 그냥 지나치면 안 되는 중요한 포인트이다.

만약 명품名品과 일반 제품의 품질을 수치로 표현할 수 있다면 그 차이는 얼마나 될까?

내 생각에는 그 차이가 그다지 크지 않으리라 본다. 명품을 100점이라고 보았을 때 일반 제품들은 약 90점~95점 정도?

이는 결국 5점~10점이 그 제품의 명성과 가격을 좌우한다는 얘기. 마지막 5점~10점을 완전히 채우지 못해 명품의 반열에 들지 못하고 그저 그런 제품으로 전락하는 경우가 얼마나 많은가. 많은 사람들이 그냥 지나칠 수 있는 사소한 부분까지 완성도에 집중하는 것. 이것이 곧 명품을 만들기 위한 필요조건이며 디테일detail이 중요한 이유다.

작은 이미지가 모여 큰 이미지를 이룬다. 이것은 제품이나 서비스는 물론 다른 사람들에게 비쳐지는 개인의 이미지나 회사의 이미지도 마찬가지다.

비즈니스 명함에 보면 예외 없이 사업장 주소가 적혀 있다. 그런데 주소 옆에 우편번호까지 적어 놓은 회사의 명함이 얼마나 될까? 놀랍게도 거의 찾아보기 어렵다. 상대 회사가 당신 회사에 우편물을 발송하려 할 때 당신 회사의 우편번호를 인터넷이나 우체국에서 따로 찾아보아야만 하도록 명함이 디자인되어 있다면 당신 회사의 디테일은 0점에 가깝다.

아직도 문서를 작성할 때 워드프로세서를 써야 할 곳과 스프레드시트를 써야 할 곳을 구분하지 못하는가? 아직도 기본으로 설정된 글꼴 - 이를테면 굴림 등 - 으로 작업을 끝내는가? 글꼴의 종류와 크기, 진하게 표시할 곳과 색상을 입혀야 할 곳을 정하는 데 무심하고, 띄어쓰기나 맞춤법 검사를 건너뛰는가? 그렇다면 당신의 디테일은 0점에 가깝다.

아직도 당신은 직원일 뿐 회사는 그 어디엔가 무형의 무엇으로 존재하며 당신과 별 상관없는 것이라 생각하는가?

회사란 무엇인가.

회사란 사장을 의미하는가? 아니면 임원급 이상 간부가 회사인가?

그렇지 않다.

당신이 곧 회사다.

당신과 같은 직원 한 사람 한 사람이 모여 회사라는 커다란 조직을 이루는 것이다. 그러므로 경쟁력 있는 회사는 직원 개개인 한 사람 한 사람의 경쟁력이 모여 회사의 경쟁력을 이루는 것이며, 좋은 회사는 하늘에서 거저 떨어지는 것이 아니라 당신과 동료들이 매일매일 땀 흘려 만들어가는 것이다. 당신은 가만히 있는데 주위에 있는 누군가가 용빼는 재주를 부려 어느 날 당신이 다니는 회사를 아주 좋은 회사로 변화시켜 줄 것이라는 막연한 기대를 하고 있다면 이는 큰 착각이다.

개인에게 맡겨진 일을 세세한 부분까지 완전하게 처리하고, 좀 더 나은 방식을 꾸준히 찾는 마음으로 모두가 일한다면 당신 회사는 좋은 회사, 일류 회사로 변화하기 위한 항해를 이미 시작한 것으로 보아도 좋을 것이다.

08

궁금증이 있어야 성장한다

당신이 모르는 것들에 대하여
어린이 같은 호기심을 갖는 것이 성장의 비결이다.
아니 정확히 말하자면 호기심 그 자체만으로는 불완전하고,
호기심을 해소하기 위한 노력이 함께 수반되어야 한다.

회사는 학교가 아니라 했다. 회사란 이미 알고 있는 실력을 발휘해서 회사 이익에 기여하는 것이 우선 되어야 하는 집단이다.

그렇다면 당신이 미처 알지 못하고 있는 것들에 대해서는 어떻게 해야 할까? 그야 당연히 공부를 해야 한다. 회사에서도 신입 사원 교육, 직무별 교육, 교양 교육 등 다양한 종류의 교육을 받을 수 있다.

모든 교육 과정은 기본적으로 정해진 기간 내에 목표한 과정을 이수하도록 짜이는 게 보통이다. 그러나 회사에서 제공하는 교육 과정이 당신의 기초 역량을 증진시키는 데까지 배려해 주지는 못한다. 특히 회사의 통상적인 집합 교육의 내용이나 깊이를 직원 개개인의 수준에 맞추어 짜기는 더욱 어렵다. 오죽하면 기업에서 의뢰하는 강의가 가장 힘들다고 강사들

이 이구동성으로 말하겠는가? 그 이유는 강의를 듣게 될 사람들의 수준이 제각기 다르기 때문이다.

학교에서의 수업은 대부분 같은 커리큘럼과 비슷한 학습 진도를 가진 학생들을 대상으로 강의를 하기 때문에 강의 수준을 맞추기가 용이하다. 하지만 기업 교육 현장에서 수강생들의 수준은 그야말로 천차만별이다. 물론 임직원의 수가 많고 예산이 풍부하며 시간도 넉넉한 회사나 기관인 경우는 다소 예외일 수 있겠지만, 직원 수 수십에서 수백 명 남짓의 중소기업에서 개별 수강생들을 위한 맞춤 교육을 제공하기란 거의 불가능하다.

이렇듯 준비하고 제공하는 쪽에서도 어려운 게 교육이지만 받는 입장에서도 내게 꼭 맞는 교육이 아니라는 건 불만이다. 그렇다면 어떻게 해야 할까?

결국은 끊임없는 자기 학습만이 그 해법이다. 새로운 지식을 얻거나 안목을 갖추기 위해 책을 많이 읽는 것도 그중 하나이다.

그러나 실무 지식이나 기본 역량을 갖추기 위해 정말 중요한 것은 당신이 모르는 것들에 대하여 어린이 같은 호기심을 갖는 것이다. 아니 정확히 말하자면 호기심 그 자체만으로는 불완전하고, 호기심을 해소하기 위한 노력이 함께 수반되어야 한다.

꽤 오래전에 '젊은이들이 즐겨 입는 티셔츠에 저속한 외국어가 난무하여 눈살이 찌푸려진다.'는 요지의 언론 보도가 있었다. 외국어가 쓰인 티셔츠를 입는 것 그 자체를 나무랄 일은 아니다. 하지만 기왕이면 다홍치마. 당신 가슴이나 등짝에 적힌 내용이 어떤 뜻인지 정도는 알고 나서 입을지 말지를 결정하는 게 좋지 않을까?

뿐만 아니다. 거리를 다니다 보면 외국어 간판이 점점 늘어나고 있는데 거기 적힌 뜻이 무엇인지 궁금하지 않은가? 비단 외국어뿐이 아니다. 최근에는 한자를 배우지 않은 세대가 늘어나면서 한자로 만들어진 단어의 정확한 뜻을 모르는 사람들이 많이 늘었다.

이때 국어사전과 영어사전을 적절히 활용하는 것이 필요하다. 요즘은 휴대 전화에 사전 기능쯤은 기본으로 들어 있다. 그러니 성의만 있다면 궁금증을 얼마든지 즉시 해소할 수 있다. 이제부터는 모르는 내용에 대해 그냥 지나치지 말자.

스마트폰을 통해 언제 어디서나 인터넷에 접속할 수 있는 세상이 되었다. 십수 년 전만 해도 도서관에서 하루 종일 힘들여 책을 찾아야 얻을 수 있던 해답과 자료들을 인터넷을 통해 손쉽게 접할 수 있다는 점은 이 시대를 살아가는 우리 모두에게 부여된 커다란 혜택이다.

"엄마, 이거 모야?"

"아빠, 그게 모야?"

"왜?"

"이건 뭐하는 거야?"

이제 막 말을 배우기 시작한 어린 아이를 키우는 집에서 흔히 볼 수 있는 풍경이다. 당신에게 필요한 것은 바로 이 어린이가 가진 것과 같은 호기심이다. 다만, 이제 회사원이 된 당신은 그 궁금증을 부모님이나 선생님에게 묻는 대신 스스로 해결해야 한다는 점만이 다를 뿐. 하지만 걱정할 필요가 없다. 당신에겐 이제 인터넷과 스마트폰이 있지 않은가.

회사에 다니는 직장인으로서 매일매일 업무를 수행하는 것 자체만으로도 버거울 때가 많다. 게다가 자신의 역량을 높이기 위해 별도의 시간을 내서 학원이나 학교를 다닌다는 것은 결코 쉬운 일이 아니다. 그러나 호기심만 있으면, 또 그 호기심을 해소하기 위해 5분, 10분 정도를 투자할 성의만 있으면 당신은 자신의 기본 역량을 나날이 성장시킬 수 있다.

출퇴근 시간에 휴대 전화를 이용해 친구들과 문자를 교환하고, 음악을 듣는 것도 좋지만, 하루 한 가지 몰랐던 내용을 스스로 깨우쳐 나가는 작은 노력을 실천해 보라. 어느덧 상당한 내공이 쌓이는 경험을 스스로 느낄 수 있을 것이다. 또한 그렇게 쌓인 자기 학습의 결과는 회사에서 당신에게 부여된 결정적 기회를 멋지게 살려 낼 수 있는 원동력으로 작용하게 된다.

09

교육받을 때 앞자리에 앉기

맨 앞자리에 앉아
'이 시간은 내가 받는 마지막 교육'이라는 치열한 각오로 경청해야 한다.

교육을 받거나 행사를 위해 여러 사람이 모이는 경우를 가만히 살펴
보면 참 이상하다 싶은 게 하나가 있다. 대학 강의실은 물론 회사
강당 등과 같이 미리 앉아야 할 좌석이 정해져 있지 않은 경우에는 거의
예외 없이 앞자리 서너 줄이 비워진 채 뒷부분부터 자리가 채워지기 시작
한다. 마치 앞자리에 앉지 않아도 되는 것이 먼저 온 사람의 특권인 것처
럼 말이다. 중간에서부터 이 빠진 듯 드문드문 채워지던 줄은 뒤까지 꽉
들어차 더 이상 빈자리가 없을 때에야 비로소 앞자리가 채워진다.

이렇게 듬성듬성한 좌석 채움은 전체적인 분위기를 매우 산만하게 만
든다. 전체적으로는 뭔가를 적극적으로 듣겠다는 태도이기보다, 어쩔 수
없이 불려왔으니 얼렁뚱땅 시간이나 때우고 빨리 돌아갔으면 하는 분위
기가 은연중 묻어난다. 이런 분위기는 그것이 강의가 되었든 행사가 되었

든 주관하는 측의 입장에서 볼 때 결코 유쾌하지 않다.

강의란 것은 기본적으로 동일한 주제와 제목이라도, 그것이 비디오를 찍어놓았다가 틀어주는 것이 아닌 이상, 강사와 피교육자 사이의 교감을 통해 그 날의 강의 내용과 깊이가 달라진다. 듣고 싶지는 않지만 상황 때문에 어쩔 수 없이 참석했다는 청중의 분위기가 감지되면, 강사 역시 자신이 알고 있는 내용 이상으로 혼신의 힘을 다해 풀어놓고 싶은 마음이 들지 않는 것이 인지상정이다.

앞서 학교와 회사 간의 차이를 얘기했다. 학교를 졸업하고 난 후에는 성장을 위해 끊임없이 자기 노력을 기울이거나, 회사의 배려가 전제되지 않는다면, 무엇하나 새로운 것을 배우기가 쉽지 않다. 모르는 것이 얼마나 많은지를 자각自覺하는 것이 배움의 첫 걸음이라고 볼 때, 주어진 기회를 놓치지 않고 자기 것으로 만드는 것은 성공하는 사람들의 공통된 특징이라 할 것이다.

그러므로 나는 교육을 받을 때 반드시 앞자리에 앉을 것을 당신에게 강권한다. 그것도 (맨 앞줄이 특정한 사람들을 위해 준비되어 있는 경우가 아니라면) 가급적 맨 앞자리에 앉아라. 그 이유는 두 가지이다.

첫째, 앞자리에 앉아 '이 시간은 내가 받는 마지막 교육'이라는 치열한 각오로 경청해야 한다. 회사에서 받는 교육은 학창 생활과는 달리 예습이나 복습을 할 기회가 적다. 따라서 교육 시간에는 늘 집중해 들어야 하며 그 즉시 이해하는 것을 원칙으로 하고, 중요한 것은 메모해 두어야 한다.

둘째, 대부분의 사람들이 기피하는 앞자리에 앉아 강의를 듣게 되면 당신은 조직 내에서 매우 긍정적이며 적극적인 사람으로 평가되는 부대 효

과를 얻을 수 있다. 그 반대의 경우를 상상해 보자. 엊그제 들어온 신입
사원이 어물쩍대며 강의실 뒷자리나 탐하고 있다면, 회사에서 결코 좋은
인상을 받을 수 없다. 심지어 회사 업무에 빠르게 적응하겠다는 마음가짐
을 지니고 있는지조차 의심받을 수 있다.

경영자 입장에서 가장 중요시하는 것은 무엇일까? 물론, '사람'이다. 그
러나 여기서 말하는 사람이란 그저 생김새가 사람이기만 하면 오케이라
는 뜻은 아니다.

좋은 사람. 무한한 꿈을 지니고 회사와 함께 성장할 사람.

회사가 원하는 사람이 어떤 사람인지를 표현하기 위해 앞부분에 수식
어를 붙이자면 한도 끝도 없겠지만, 어떻게 얘기한다 해도 그저 사람이기
만 하면 오케이라는 뜻이 아니기는 매 한가지다.

회사의 기대를 나름대로 요약해 보자. 아마도 '됨됨이가 바르고 업무 수
행 능력까지 탁월하다면 더할 나위 없이 좋을 것' 정도가 아닐까 싶다. 그
중에서 업무 수행 능력, 즉 임직원들의 역량力量을 생각해 보면 경영자 입
장에서는 늘 뭔가 아쉽다. '우리 직원들이 좀 더 나은 능력을 가지고 있다
면 회사 경쟁력을 높일 수 있을 텐데'라는 아쉬움을 가지지 않을 경영자는
아마도 없으리라.

재정적 측면에서 여유가 없는 대부분의 기업, 특히 중소기업에서는
직원들의 능력이 부족해 더 나은 제품을 만들지 못하고
→ 품질 경쟁력이 없으니 제 값을 못 받고
→ 제 값을 못 받으니 이익이 적고

→ 이익이 적으니 임금 인상이나 복리후생에 쓸 재원財源이 없고

→ 임금과 복리후생이 낮으니 직원들의 사기는 떨어지고

→ 사기가 떨어진 기성 직원과 기본 역량이 낮은 신입 사원으로 인해 좀 더 나은 제품을 만드는 것과는 거리가 점점 멀어지는……,

그야말로 악순환에 빠지기 쉽다.

중소기업 임금이 대기업에 비해 현저히 낮아 개선해야 한다는 얘기가 들린다. 하지만 중소기업 근로자의 생산성이 대기업에 비해 1/3 수준에 지나지 않는다는 보도를 접하고 나면, 중소기업 근로자들의 임금을 올려야 한다는 주장에 무작정 동의하기도 쉽지 않다.

그렇다면 어찌해야 하는가? 무엇이 문제일까? 이러한 악순환의 고리를 끊고 모두가 만족할 수 있는 해법은 과연 없는 것일까?

분명, '열려라 참깨!' 식의 주문呪文이나, 한 방 때리면 모두 해결되는 '도깨비 방망이'와 같은 해법은 없다고 나는 생각한다. 그러므로 임직원 모두가 이러한 상황 인식에 동참하고, 꽁꽁 묶인 실타래를 풀기 위해 각자 위치에서 할 수 있는 노력을 꾸준히 다할 때 비로소 더 나은 내일을 기약할 수 있을 것이다.

직원들의 역량을 강화하기 위한 노력으로 직무 교육 프로그램을 도입하는 것은 바람직하고도 실질적인 해법이다. 이것은 회사 경영진이 인내심을 갖고 지속 추진해야 할 과제 중 하나이기도 하다.

그러나 어려운 여건 속에서 교육 프로그램을 진행하더라도 이를 받아들이는 직원들의 자세가 수동적이라면 그 효과는 기대에 미치기 어렵다.

결국 효과가 나타나더라도 매우 오랜 시간이 걸릴 것이 분명하다. 이 상황에서 당신이 해야 할 일은 무엇이겠는가를 곰곰이 생각해 보라.

우리 속담에 '두 손뼉이 맞아야 소리가 난다.'는 말이 있다. 직원들이 교육에 적극 참여해 직무 능력을 향상시키면, 생산성이 높아지고 품질도 좋아진다. 지긋지긋한 악순환의 고리를 끊는 데 직원들의 책임과 몫이 절반은 넘는다는 점을 잊지 말자.

10

이제 졸업했으니 시험은 끝?

'평상시 대충 지내다가 시험 기간 중에만 바짝 준비해 좋은 결과를 얻으면
된다.'는 학창시절의 시험 대비 요령. 직장에서는 더 이상 통하기 어렵다.

학교를 졸업하고 직장에 다니기 시작하면 전에 비해 마음이 홀가분
해질 것으로 기대하는 게 한 가지 있다고 한다. 중간고사, 기말고
사 등 각종 시험으로부터 해방된다는 점이 그것. 물론 회사에는 매 학기
정기적으로 돌아오는 중간고사와 기말고사라는 것이 존재하지 않는다.
그러므로 수험 준비를 위해 더 이상 시달릴 일은 없다고 생각할 수도 있
겠다. 하지만 과연 그럴까?

시험이란 '어떤 사람의 재능이나 실력 따위를 일정한 절차에 따라 검사
하고 평가하기 위한 수단'이다. 직장에서의 평가는 학교에서의 그것과 형
식이 다를 뿐, 훨씬 자주 어쩌면 매 순간마다 평가를 받는다고 보는 것이
현실에 가깝다.

평상시 대인관계나 직장 예절, 무엇보다 자신에게 부여된 과업을 깔끔하게 완수하고 있느냐의 여부가 평가됨은 물론, 일상의 모든 행동거지가 결국 그 사람에 관한 총체적 이미지로 형성된다. 더욱이 학교에서는 선생님이 학생을 평가하게 되는 일방 평가뿐이지만, 직장에서는 상사가 부하 직원을 평가하는 하향식 평가 외에도, 후배 직원이 나를 평가하는 상향식 평가, 비슷한 입장에 있는 직원 간에 서로를 평가하는 동료 간 평가도 있다. 피평가자를 여러 방향에서 평가한다 하여 이를 다면 평가多面平價라고 한다.

다면 평가는 포춘지 선정 1000대 기업 중 90%가 도입하고 있으며, 우리나라는 1990년대 초 L그룹이 최초로 도입한 이래, S그룹, P그룹 등의 대기업에서 주로 적용하고 있다. 다면 평가에서는 기업의 규모나 환경에 따라 다르겠지만 통상 10~20명이 1명을 평가하게 된다. 피평가자에 대한 평판 정보를 상사, 동료, 부하뿐 아니라 심지어 고객(내부 및 외부 고객) 등 다양한 사람들로부터 수집하고 이를 피평가자에게 피드백해 주는 일련의 과정이 진행된다니, 다소 섬뜩하지 않은가?

국내 최고의 직장 중 하나로 일컬어지는 S사가 2022년부터 도입키로 한 미래 지향 인사 제도에 관하여 평가 및 승진 제도를 중심으로 잠시 살펴보자.

① 성과와 전문성을 다각도로 검증 및 평가

② 협업 기여도를 평가

③ 직급 단계의 축소

④ 직급별 표준 체류 기간 폐지로 젊고 유능한 경영자 조기 배출 기반 구축

먼저 ①을 살펴보면 성과, 전문성, 다각도, 검증 등 몇 가지 핵심 주제 어가 눈에 띈다. '성과' 평가는 이른바 업적에 대한 것이며, 평가 기간 중 자신에게 부여된 과업을 얼마나 잘 수행했는지를 보는 것이 주요 관점이 다. '전문성' 평가는 능력에 관한 것이다. 어떠한 과업이 주어지더라도 능히 수행할 수 있는 우수한 역량을 가지고 있는지의 여부에 관한 것이 주된 평가 요소이다. '다각도'라는 것이 바로 앞서 말한 다면 평가를 뜻한다. '검증'은 어떠한 평가라도 결국 주관적으로 흐를 수밖에 없다는 한계를 극복하기 위해서, 평가 결과를 뒷받침할 수 있는 객관적 증거를 최대한 수집해 반영하겠다는 내용이다.

②에 들어 있는 중심 주제어는 '협업 기여도'이다. 피평가자의 스타성에 대해서만이 아니라, 그가 팀에 얼마나 기여하는가를 평가하겠다는 의미이다. 이를 위해서는 모나지 않은 성격과 더불어, 전체 과업의 성공을 위해 주위 동료들과 능동적으로 협력하며, 서로 돕고, 이끌어주는 팀 정신을 발휘하고 있는지에 대하여 들여다보겠다는 뜻이다.

③과 ④에는 단계의 축소와 인재의 조기 발탁에 관한 의지가 들어 있다. 불필요한 단계를 대폭 없애 조직을 좀 더 슬림화함으로써 빠른 의사 결정의 속도 경영을 꾀하겠다는 생각을 읽을 수 있다. 이를 통해 후배가 선배를 크게 의식하지 않고 맡은바 과업에만 충실하면 되는 분위기가 보장될 수 있을 것으로 기대된다. 또한, 직딩의 별이라고 할 수 있는 임원 등 경영자급 인재의 발탁에 있어, 나이나 경력에 관계없이 성과와 전문성, 즉 역량 위주로 판단하겠다는 의지가 담겨 있다.

최근, 우리나라 대표 인터넷 기업 중 하나인 N사의 최고 경영자(CEO)로 만 40세의 직딩이 선임되었다는 뉴스가 눈길을 끈다. 또한, S사의 2022년 정기 임원 인사에서 30대 상무 4명과 40대 부사장 8명이 임용되어 화제가 되고 있다. 이른바, "성과 앞에 선·후배 없다."가 이 기사의 타이틀이다.

이렇듯 화려한 성공은 모든 직딩들의 꿈이다. 그러나 '평상시 대충 지내다가 시험 기간 중에만 바짝 준비해 좋은 결과를 얻으면 된다.'는 학창시절의 시험 대비 요령이 직장에서는 더 이상 통하기 어렵다.

02

직장 예절

11

출필곡 반필면

직원이 회사에서 정한 대로 결재를 받고 자리를 비웠다 해도,
상사는 그 사실을 기억하지 못한 자신의 기억력을 탓하지 않는다.
오히려 휴가를 떠나기 전 다시 한 번 상기시켜 주지 않은 부하 직원에 대해
서운하다는 생각을 갖게 되는 것이 인지상정이다.

출필곡 반필면出必告 反必面이라는 말이 있다. 사서오경 중 하나인 예기禮記에 나오는 말인데, '나갈 때는 반드시 아뢰고, 돌아오면 반드시 얼굴을 뵌다.'는 뜻이다. 이는 본래 부모를 대하는 자식의 도리에 대한 가르침이다.

그러나 이것을 부모 자식 간에 행하는 예의로만 좁게 볼 것이 아니라 회사에서도 적용해 보자. 회사 생활을 하다 보면 가끔 외출이나 출장 그리고 휴가를 떠나게 되는데, 이때 출필곡 반필면 정신을 적극 활용하자는 말이다.

회사에서는 업무상의 용무든 개인적인 용무든 근무 시간 중 자리를 비울 때에는 행선지를 밝히는 것이 예의다. 그래야 함께 일하는 많은 사람

들이 당신의 부재不在로 인해 당황하는 일이 없게 된다.

행선지를 밝히는 방법도 여러 가지가 있을 것이지만, 출필곡 반필면은 특별히 '직접 대면을 통한 보고報告'에 속한다.

회사라는 조직은 직원들의 입장에서 볼 때 층층시하, 즉 받들어야 할 윗사람이 한 둘이 아닌 형편이다. 따라서 자리를 비울 때 행선지를 밝히는 범위도 어떻게 해야 할지 미리 정리해 둘 필요가 있다.

통상 잠시 화장실을 다녀온다거나 점심 식사 시간처럼 늘 정해진 시간대에 자리를 비우는 경우에는 특별히 행선지를 밝힐 필요가 없다.

15분 이상 시간이 걸리는 일이라면 그것이 비록 타부서에서 회의를 하게 되는 경우라 하더라도 주위 동료에게 일러두는 것이 좋다.

또한 수 시간 이상 소요되는 외근이나 외출의 경우에는 직속 상급자에게 구두 보고하고 허락을 얻어야 한다.

하루 이상 걸리는 출장이나 휴가 등의 경우에는 반드시 출장 신청서, 휴가 신청서 등으로 서면書面 결재를 받아 두어야 한다.

여기서 출필곡의 적용은 결재를 받았다 해서 그냥 길을 떠나지 말고, 떠나기 전날 퇴근 즈음에 직속 상급자를 포함 결재 라인에 있는 상급자들을 직접 찾아뵙고 '잘 다녀오겠노라.'는 인사를 드리라는 말이다.

서면 결재까지 받았는데 무슨 인사가 더 필요하냐고?

입장을 바꾸어 놓고 생각해 보라. 당신의 상사上司는 하루에 적게는 몇 건, 많게는 수십 건의 결재 서류에 파묻혀 있다. 또한 이것저것 생각하고 고민할 것들이 많다. 당신이 올린 휴가 신청서를 보는 순간에는 '아, 홍길동 씨가 휴가를 떠나는군.'하며 결재를 했다손 치더라도, 정작 며칠 지나

눈에 보이지 않으면

"홍길동 씨 어디 갔지요?"

하고 묻게 되는 것이 현실이다. 이때,

"홍길동 씨 휴가 갔잖아요. 결재까지 다 받았는데……."

라며 주위에서 해명을 해주더라도, 상사는 입맛이 쓰다.

직원이 회사에서 정한 대로 결재를 받고 자리를 비웠지만, 상사는 그 사실을 기억하지 못한 자신의 기억력을 탓하지 않는다. 오히려 휴가를 떠나기 전 다시 한 번 상기시켜 주지 않은 부하 직원에 대해 조금은 서운하다는 생각을 갖게 되는 것이 인지상정이다.

영어에 리마인드remind라는 단어가 있다. '(기억하도록) 다시 한 번 알려주다.'라는 뜻인데, 당신의 상관들은 – 특히 직위가 높은 분일수록 – 잦은 리마인드가 필요하다는 점을 명심하자.

이를 위해 필요한 것이 바로 '출필곡'이다. 휴가 신청서에 결재를 받은 것으로 '내 할 도리를 다했다.' 생각하지 말고 직접 찾아가 리마인드를 시키라.

"저, 내일부터 일주일간 휴가를 떠납니다. 자리를 비우는 동안 업무에 지장 없도록 아무개 씨에게 부탁해 놓았습니다. 다녀와 다시 인사드리도록 하겠습니다."

라는 정도로 짧게 인사를 드린다면 어떨까. 당신이 보고를 받는 상사라고 입장을 바꾸어 놓고 생각해 보자. 수많은 업무의 늪에서 시달리는 상사를 배려하고 똑 부러지게 예의를 갖춘 홍길동 씨가 예뻐 보이지 않겠는가? 이렇게 하면 설령 며칠 후

"홍길동 씨 어디 갔지요?"

"홍길동 씨 휴가 갔잖아요. 결재까지 다 받았는데……."

라는 동일한 상황이 벌어지더라도, 상사의 마음에는 전혀 서운한 마음이 들지 않는다. 오히려

"아 참, 그랬었지. 인사까지 왔었는데, 내가 또 깜빡했구먼."

이라며, 그 사실을 기억하지 못한 귀책을 자신에게 돌리는 쪽으로 정리되는 것이다.

그렇다면, 반필면은 왜 중요할까.

출필곡을 했더라도 상사의 머릿속엔 '홍길동 씨가 휴가를 떠났구나.'라는 사실만 기억될 뿐 언제 돌아오는지에 대한 기억은 남아 있지 않다. 상사의 머릿속은 그런 사소한 정보까지 기억해 두어야 할 만큼 여유가 있는 것이 아니기 때문이다.

드디어 홍길동 씨가 휴가에서 돌아왔다. 결재받았던 기간을 넘기지 않고 돌아왔으니 규정을 어긴 것은 아니다. 그러니 자리에 앉아 평소와 같이 열심히 일하면 족하지 않느냐고 생각하는 것, 실은 이게 문제다. 이렇게 하다가는 분명 사무실에서, 복도에서, 심지어 화장실에서, 상사와 어색한 상봉을 하게 된다.

"어, 자네 휴가 갔다더니 언제 돌아왔나?"

상사에게 이런 질문을 받게 되었다면, 당신의 이미지에는 이미 가느다란 실금이 생겼다고 보아야 한다. 출필곡으로 상사에게 당신이 휴가 갔음을 인식시켰다면, 이제는 반필면함으로써 '업무에 복귀했노라.'는 사실을

상사의 머릿속에 리셋reset 시킬 필요가 있다.

휴가에서 돌아온 날은 다른 날보다 조금 더 일찍 출근하라. 그래서 상사가 출근하기를 기다렸다가 곧바로 찾아뵙고 인사를 드려라.

"휴가 잘 다녀왔습니다. 회사가 많이 바쁜데 개인적인 일로 자리를 비우게 되어 죄송했습니다."

라는 정도의 인사면 충분하다. 그러면 상사는

"원 천만에. 열심히 일하는 것 이상으로 휴식도 중요하지. 그래 휴가는 즐거웠고? 자, 휴가도 다녀왔으니 또 함께 열심히 해 보자고."

라는 요지의 덕담으로 답할 것이 틀림없다. 게다가 상사의 잠재의식 속에는 당신이 '똑 부러지게 예의 바른 직원'으로 각인될 것이니, 이 또한 큰 부대 효과가 아니겠는가.

이것이 바로 '출필곡, 반필면'이 중요한 이유이다.

12

출입문 잘 닫기

한 사람이 문을 열어 놓으면
그다음에 들어오는 사람도 문을 닫지 않게 될 확률이 높다.
'어떤 이유가 있어 잠시 출입문을 열어 놓았으려니' 생각한다는 것이다.

요즘은 사무실 출입문에 보안 잠금장치를 달아 놓은 회사가 꽤 많다. 출입 카드나 지문 인식 등의 방법으로 허가되지 않은 사람의 출입을 통제하기 위한 것이다. 주로 외부인의 무단출입을 통제하는 것이 기본 목적이지만 직책이나 직무에 따라 내부 임직원들에게 접근이 허락되지 않는 시설물에도 곧잘 쓰인다.

그런데 이렇게 비용과 시간을 들여 출입 통제 장치를 달아 놓으면 무얼 하나. 자신의 출입이 끝나면 문을 꼭 닫아야 한다는 기본적인 행동에 소홀하면 아무리 첨단 장치로 무장한 시설도 무용지물이다.

내가 근무하는 회사에서도 사무실 출입문이 열린 채 방치되어 있는 경우를 종종 목격한다. 출입이 끝나면 반드시 닫아 놓으라고 아무리 강조해도 관리 소홀을 틈타 열어 놓곤 하는 사람들이 있기 때문인데, 가끔 그런

직원을 불러 물어보면 그 이유가 다양하다.

- 바로 3 m 앞에 있는 화장실에 잠시 다녀오려는데, 다시 들어올 때 카드를 대거나 지문을 인식시키는 것이 귀찮아서란다.
- 택배 배달하는 사람이 잠시 들어왔다가 나가려는 데 편리를 도모하기 위해서란다.
- 지금 물건을 내놓거나 들여놓는 중이기 때문이란다.

미안하지만 내가 보기엔 그 어느 것 하나도 합당한 이유로 볼 수 없다. 다만 그 직원은 회사에서 정한 규칙을 존중하는 마음이 결여되어 있기 때문이라 할 것이다.

내가 어렸을 때에는 출입이 끝나면 반드시 문을 닫아야 한다는 것에 대하여 가정에서부터 철저히 교육받았다. 문을 열어놓은 채 들어오면 "아직도 꼬리가 다 안 들어왔니?"라며 꾸중하시던 어머니의 훈계가 지금도 생생하다.

한 사람이 문을 열어 놓으면 그다음에 들어오는 사람도 문을 닫지 않게 될 확률이 높다. '어떤 이유가 있어 잠시 출입문을 열어 놓았으려니' 생각한다는 것이다.

그러므로 출입문은 항상 닫혀 있어야 한다는 것을 기본 원칙으로 하고, 일정 시간 동안 열려 있어야 하는 상황이라면 반드시 직원이 그 옆에 지키고 있어야 한다.

다시 말하면 아무도 없는 상태에서 출입문이 열려 있다면 누구라도 그 출입문을 닫아야 하는 것이다. '내가 열어 놓은 것 아니니까 나는 아무 상관이 없다.'는 생각이 의식 속에 조금이라도 들어 있다면, 당신은 조직의 적극적인 일원으로 행동하고 있다고 보기 어렵다.

반대로 회의실 문이나 화장실 문은 용무가 끝나면 열어 두어야 한다. 그래야 다음 사람이 이용하는 데 편리하며, 통상 폐쇄적으로 운영되는 공간임을 감안한다면 사용하지 않는 동안 환기를 시키는 효과도 얻을 수 있기 때문이다.

만약 회의실 이용이 끝났음에도 전등이 그대로 켜져 있고 문도 굳게 닫혀 있다고 가정해 보자. 그 다음 사람은 회의실이 사용 중인지 여부를 체크하는 데 있어 조심스러울 수밖에 없다. 외부에서 잘 보이지 않도록 처리된 벽 틈으로 누가 있는지 확인해야 하는데, 그 모습은 밖에서 들여다보는 사람이나 혹 안에 있는 사람에게나 결코 유쾌한 모습이 아니다.

꽤 오래전 미국 플로리다에 있는 거래처 사무실에 이틀 정도 머무르게 된 적이 있었다. 그 회사 직원의 안내로 사무실을 둘러보는데 친절하게도 화장실 이용 팁까지 알려주는 것이 무척 인상적이었다.

'용무가 끝나면 화장실 문을 반드시 열어 놓으라.'는 것이 규칙이었는데, 이는 노크knock를 하지 않더라도 화장실 사용 여부를 쉽게 알 수 있게 하기 위한 것이란다. 화장실 문이 닫혀 있을 땐 당연히 누군가 사용하고 있는 중으로 알면 된다는 뜻.

화장실 안에서 용무를 보고 있는데 누군가가 밖에서 노크를 했을 때, 그때부터 갑자기 마음이 급해지는 경험을 여러분들도 한두 번쯤 겪은 적이 있었으리라. 화장실을 사용하고 있는 동료의 정신적 평안까지 배려하는, 작지만 깊은 배려가 담긴 규칙이었던 것이다.

  문이라고 다 같은 문이 아니다. 평상시 열려 있어야 하는 문인지 닫혀 있어야 하는 문인지를 잘 구분하고, 회사에서 정한 규칙은 비록 작더라도 철저히 지키도록 하자. 회사 생활을 하는 조직 구성원이라면 마땅히 그래야 할 일이다.

13

인사 잘하기

인사말을 건넨 후에 약간의 여유 시간이 된다면
평상시 관심에서 우러나는 가볍고 따뜻한 질문을 덧붙이는 것도 도움이 된다.

인사하는 요령까지 필요한가? 기실 그렇다. 회사에서 근무하다 보면 상사와 동료 그리고 부하 직원 간에 수시로 마주치게 되는데 이때 소가 닭 쳐다보듯 그냥 지나칠 수만은 없는 일이기 때문이다.

아침에 출근해 처음 만났을 때 당신이라면 어떻게 인사 하겠는가?

내가 근무하는 회사의 윤난심 대리는 늘 사무실에 들어서며,

"안녕하십니까? 좋은 아침입니다."

라고 큰소리로 밝게 인사하며 자신의 존재를 알린다. 그 톤이 어찌나 밝고 우렁찬지 통상 10 m 이상 떨어져 있는 내 방 안에 앉아 있어도 '아, 윤 대리가 출근을 했나 보군.'하고 알 수 있을 정도다. 그래서 내게 있어 윤 대리의 인상은 밝고 씩씩하며 사무실 분위기를 긍정적인 방향으로 이 끌어가는 좋은 직원으로 각인되어 있다.

그런가 하면 상사를 만나도 아무 말 없이 고개만 까딱하고 마는 직원도 있다. 문제는 고개를 숙였다가 드는 시간이 너무 짧아서 그야말로 '까딱' 하는 느낌의 고갯짓으로만 인사를 끝낸다는 거다. 자신은 분명 인사를 했다고 생각했을지 모르지만 혹여 상대방이 어떤 이유로 제대로 보질 못했다면, '상사를 만났을 때 인사도 않고 지나가는 무례한 직원'으로 비쳐질 수 있다.

그렇다. 인사는 상대방이 인사를 받았다고 느껴질 수 있도록 해야 한다. 또한, 인사는 밝고 힘차면서도 공손해야 한다. 이런 측면에서 회사에서 적용할 수 있는 인사 요령 몇 가지를 살펴보자.

출근해 처음 마주 쳤을 때에는 어떻게 하는 것이 좋을까? 상사에게는

"○○님, 안녕하십니까?"

라고 인사말을 건네면서 허리를 정중히 숙이며 인사를 한다. 이때 상체를 숙였다가 드는 속도가 너무 빠르지도 너무 느리지도 않도록 잘 조절해야 한다. 너무 빠르면 아까 예를 들었던 직원처럼 '저 친구는 인사를 할 때 고개만 까딱하는군.'이라는 좋지 않은 인상을, 너무 느리면 '공손하긴 한데 다소 오버한다.'는 느낌을 줄 수 있기 때문이다.

또한 인사말을 건넨 후에 약간의 여유 시간이 된다면 평상시 관심에서 우러나는 가볍고 따뜻한 질문을 덧붙이는 것도 도움이 된다. 이를테면,

"출장을 다녀오셨다던데 피곤하지는 않으셨습니까?" 라든가,

"주말 즐겁게 잘 지내셨습니까?"

등이 그것이다. 하지만 당신보다 너무 높은 사람에게는 이런 인사를 하지 않도록 주의하라. 아직까지는 우리 사회가 갓 입사한 신입 사원이 사

장을 포함한 임원들에게 이러쿵저러쿵 신변에 관한 질문성 인사를 하는 것이 쉽게 용인되기 어려운 게 현실이기 때문이다.

같은 공간에서 근무하게 되는 특성상 아침에 인사를 드렸던 상사를 하루 중 또다시 여러 번 마주치게 된다. 이럴 땐 어떻게 해야 할까? 만날 때마다 매번 아침처럼 격식을 갖추어 인사를 하게 되면 오히려 역효과가 날수도 있다. 이럴 땐 그저 상사의 진행방향을 막지 않도록 옆으로 비켜서서 가벼운 미소와 함께 목례를 하는 것으로 대신하자.

이때도 주의해야 할 것이 하나 있다. 당신이 급한 업무로 바쁘게 움직이고 있는 중이더라도 뛰어가면서 인사하면 안 된다. 설령 뛰다 가도 상사를 만나면 멈추어 선 후 제대로 인사를 하고 나서, 가던 길을 계속 가야 한다.

비슷한 연배의 동료에게도 출근해 처음 만나면 서로 인사하도록 하자. 편하다고 생각할 수 있는 관계일수록 최소한의 예의를 지키는 것이 무엇보다 중요하다.

후배에게도 먼저 인사할 수 있다. '무릇 인사란 아랫사람이 윗사람에게 하는 것'이라고 생각했다면 당신은 참 고루한 생각을 가진 사람이라 할 것이다. 원래 인사란 먼저 본 사람이 시작하는 것이 바람직하다.

특히 후배나 부하 직원에게 인사를 할 때에는 상사에게 인사할 때보다 더 자연스럽고 따뜻한 인사말을 덧붙일 수 있다. 평소 무섭고 엄격하여 가까이 하기 어렵다고 여겨졌던 당신으로부터 의외로 따뜻한 인사와 애정 어린 관심을 받는다면, 인사를 받은 후배나 부하 직원은 당신의 새로운 면모를 발견하고 감격하게 된다.

입사한 지 얼마 안 되어 누군지 잘 모르는 사람을 마주쳤을 때에는 어떻게 하는 것이 좋을까?

특별한 호칭 없이 그냥 "안녕하십니까?"라는 인사말로 웃으며 먼저 인사하라. 당신은 상대방을 잘 모르더라도 상대는 당신이 조직에 새로 합류한 신입 직원이라는 사실을 쉽게 인지할 수 있다. 상대방도 당신과 개인적 친분이 생기기 전이라 먼저 아는 척을 하기 뭣하다고 느끼고 있을 때, 당신이 먼저 인사를 건네는 것이 어떤 결과로 나타날까?

그 사람의 뇌리에는 당신이 적극적이며 예절 바른 사람으로 각인된다. 그리고 당신은 인사성이 밝은 사람으로서 회사 내 평판이 좋아지기 시작한다.

공손한 인사와 적절한 인사말.

짧지만 당신의 인상을 상대에게 각인시킬 수 있는 지속적이고 강력한 커뮤니케이션 도구다. 이왕이면 시작 단계에서부터 좋은 인상을 남길 수 있도록 하자.

14

호칭 제대로 하기

친근한 표시를 한답시고
"○○야", "○○형", "○○언니", "형님", "언니" 등으로 부르지 않도록 주의하라.
적어도 회사에서 근무하는 동안이라도 말이다.

회사에 출근하면 점심시간을 포함하여 최소 하루 9시간을 머무르게 된다. 출퇴근을 위해 소요되는 시간과 출근을 준비하기 위해 필요한 시간까지 합한다면 개인차는 조금 있겠지만 회사 생활을 위해 대략 12시간가량이 쓰이는 셈이다.

학교를 졸업한 이후에는 같은 회사 내의 동료, 상사 및 부하 직원이 하루 중 가장 많은 시간을 함께 보내게 되는 사람들이다. 그러다보니 미운 정 고운정은 물론, 때론 부모 자식이나 형제지간 같은, 때론 친구 같은 느낌이 들 때가 많다. 그래서 말인데 이런 관계일수록 회사 내 호칭에 특히 주의를 기울여야 한다.

친근한 표시를 한답시고 "○○야", "○○형", "○○언니", "형님", "언니" 등으로 부르지 않도록 주의하라. 적어도 회사에서 근무하는 동안이라도 말이다.

군이 '공公과 사私를 구분하라'는 얘기까지는 아니지만 기껏 세워 놓은 회사의 위계질서가 무너지거나, 다른 사람들에게 심한 위화감을 줄 수 있기 때문이다.

상사에 대한 호칭은 오히려 쉽고 실수할 염려가 적다. 다만 동료나 부하 직원에 대한 호칭에서 이러한 실수나 결례를 하기 쉬운데, 이를 한번 정리해 보자.

① 윗사람에 대한 호칭은 다음과 같이 하면 무리가 없다.

'성'에 직책이나 직급 명칭을 붙인 후 끝에 '님'자를 붙인다.

바른 예시) 직책이나 직급이 있는 경우 : 조 과장님, 조강일 과장님

직책이나 직급이 없는 경우 : 조 선배님, 조 선생님

특히 직책을 맡고 있는 경우에는 직책명을 부르는 편이 더 낫다. 만일 조강일 과장이 조달팀장을 맡고 있는 경우라면 '조 과장님' 보다는 '조 팀장님'이라고 부르는 것이 중요 보직을 맡기고 있는 회사의 선택에 대한 존중과 당사자에 대한 예의를 갖춘 것으로 여겨진다.

특히 자기가 소속된 부서의 (유일한) 상사인 경우에는 성을 붙이지 않고 그냥 직책명만을 부르는 것이 같은 부서에 소속되어 있다는 연대감을 고취하는 느낌이 있으므로 조금 더 낫다.

바른 예시) 홍 팀장님이 아니라 그냥 팀장님

김 부사장님이 아니라 그냥 부사장님

② 동급의 임직원에 대한 호칭은 다음과 같이 하면 무리가 없다.

'님'자를 뺀 채 성이나 이름에 그냥 직책이나 직급 명칭을 붙여 부른다.

바른 예시) 홍 팀장 또는 홍길동 팀장

③ 부하 직원에 대한 호칭은 다음과 같이 하면 무리가 없다.

바른 예시) 직책이나 직급이 있는 경우 : 홍 팀장, 김 과장

일반 사원의 경우 : 홍길동 씨, 성춘향 씨

제법 오래전에는 남자 직원에 대하여 ○○○씨氏라고 부르면서 여자 직원에게는 ○○○양孃이라고 구분해서 부르기도 했지만, 지금은 남녀 구분 없이 ○○○씨라고 부르는 것이 상식처럼 되었다.

특히 성 다음에 '양'이라는 단어를 붙여 쓰는 경우, 조금은 낮잡는 느낌을 줄 수 있으니 삼가는 편이 좋다.

바르지 않은 예시) 김 양, 이 양

친근감이 지나쳐 부하 직원의 이름만을 부르거나, 이름조차 없이 그냥 '야!' 등의 감탄사를 이용해 부르는 경우는 절대로 삼갈 일이다.

바르지 않은 예시) 길동아, 춘향아, 야!

한편, 신입 사원과 같이 조직에 처음 합류한 사람들이 가끔 저지르는 실수가 하나 있다. 아직 친분 관계가 생기지 않은 상태라 해서

"저, 저기요……."

라며 음식점에서 종업원 부를 때 쓸 것 같은 호칭으로 말을 시작하는 것인데, 이는 절대 금물이다.

반드시 "○○씨", "대리님", "과장님" 등과 같이 반드시 상대에 합당한 호칭으로 대화를 시작할 수 있도록 유의하자.

15

존댓말 제대로 쓰기

'전무님, 다녀오세요.~'가 아니라
'전무님, 안녕히 다녀오세요.'가 제대로 된 인사일 터이다.

얼마 전 직원들과 함께 저녁을 먹으러 피자pizza 파는 집에 갔다. 피자라는 게 젊은 사람들이 주로 좋아하는 음식이라 그런지 내 나이 정도 되는 사람은 그리 많지 않다. 주문을 받고 음식을 가져다주는 여종업원도 20세 안팎으로 보인다. 샐러드 바에서 몇 가지를 담아 자리로 돌아오니 여종업원이 공손히 애기한다.

"주문하신 피자 나오셨어요."

나이 들어 보이는 사람에게 존댓말을 하려는 성의는 가상하지만 '피자가 나오시다'니, 나가도 너무 나갔다. 뿐만 아니다.

"계산 도와 드릴게요. 3만 5천 원이세요."

특히 서비스업에 종사하는 젊은이들이 잘못된 존댓말을 쓰는 양상이 날로 심해지고 있지만, 이런 현상은 사무실에서도 별반 다르지 않다.

"사장님한테서 전화 오셨습니다."

이말 역시 잘못된 존댓말의 대표적인 사례인데, 여기서 '오셨습니다.'의 주어는 사장님이 아니고 전화이니, 앞의 예와 같이 사물에게 존대한 잘못된 경우라 하겠다. 이처럼 무조건 '-시-'만 넣으면 매우 공손한 말인 양 인식하는 잘못된 풍조가 빠르게 퍼져 나가고 있어 우려스럽다.

뿐만 아니다. 병원에서 간호사가 환자에게 주사기를 들이대며

"주사 맞으실게요."

와 같은 이상한 표현을 쓰는 경우도 흔하다.

'-ㄹ게요.'는 말하는 사람이 듣는 사람에게 어떤 약속을 할 때 쓰는 말이니, 이 상황에서는 '주사 놓아 드릴게요.'가 바른 말이다.

"저, 사장님실에 들어갔다 오겠습니다."

와 같은 표현도 옳지 않다. 사장님, 전무님 등의 '님'자는 호칭에만 붙여야 하며, 방과 같은 사물을 지칭할 때에는 '사장실', '전무실' 등으로 써야 한다.

또한 흔히 잘못 쓰고 있는 인사로, '수고하셨습니다.' 또는 '수고하세요.' 등이 있다. 하루 일과를 마치고 퇴근하는 상사를 향해 '수고하셨습니다.'라고 인사하는 것은 최근 들어 너무 익숙해진 풍경이다.

이 말의 본딧말은 '수고하다'인데, 윗사람에게는 쓰지 않고 자신과 대등하거나 자기보다 아랫사람에게만 쓰도록 한 것이 우리말 예절이다. 그러므로 '수고했다.'를 단지 '수고하셨습니다.'로 바꾼다 하여 그 말이 존댓말로 바뀌거나 윗사람에게 적절하게 쓰일 수 있는 말로 변하는 것은 아니다.

그런가 하면 아들집에 다녀가는 시부모님을 며느리가 배웅하며,

"아버님 어머님. 가세요~"

하고 큰 소리로 밝게 인사하는 경우도 종종 보인다.

용무를 마쳤으니 며느리가 가라고 하지 않아도 시부모님은 갈 것이지만, 아무래도 뭔가 중요한 단어가 빠진 듯싶다.

가시되 아무 사고나 어려운 일 없이 즉, '몸이 건강하고 마음이 편안하게 가시라'는 인사를 해야 할 상황에서, 앞을 그저 뚝 떼어 버린 채 '가세요.'라니…….

그러므로 제대로 된 인사는,

"아버님, 어머님, 안녕히 가세요."

가 되어야 한다. 출장을 떠나는 상사에게 비서가 인사하는 상황이라면 어떻게 해야 할까? 이 역시, '전무님, 다녀오세요.~'가 아니라 '전무님, 안녕히 다녀오세요.'가 제대로 된 인사일 터이다.

사실 이 정도를 바로잡는 것은 그나마 쉬운 편이다. 회사에 근무한 지 제법 오래된 직원들마저 어려워하는 존대법이 있다. 이를테면, 사장이 한 직원에게 '팀장은 어디 갔느냐?' 묻자 이런 대답이 돌아온다.

"홍 팀장님께서는 지금 외근 중이십니다."

이 예는 존대를 받아야 할 대상을 상황에 따라 잘 판단하지 못한 케이스이다. 즉, 홍 팀장이 그 직원에게는 상사지만 보고를 듣는 사장에게는 부하인데, 직원이 팀장에게 너무 높이는 존대를 쓰면 듣는 사장이 오히려 어색하고 불편해질 수 있다는 것. 그래서

"홍 팀장은 지금 외근 중입니다."

라고 해야 올바른 존대라고 가르치기도 하지만, 평사원 입장에서 자신의 상사인 팀장을 아랫사람이나 동년배처럼 말해야 하는 압존법壓尊法이 아무래도 익숙지 않다.

그렇다면, "홍 팀장님은 지금 외근 중입니다." 정도면 어떨까 싶다. 대상을 높이는 격조사 '-께서-'와 높임을 나타내는 선어말어미 '-시-'는 뺐지만, 평소 팀장에 대한 호칭 존대로서의 '님'자가 직원의 입에 늘 붙어 있었다는 현실을 어느 정도 감안한 절충으로서 말이다.

명심하라. 바르게 쓰는 존댓말은 상대방으로부터 호감을 얻을 수 있지만, 잘못된 존댓말은 오히려 상대를 거북하게 하고 당신의 부족함을 크게 드러내는 약점으로 작용할 수 있다는 사실을.

16

대면 예절

행사를 주관하는 쪽에서 좌석 배치를 바르게 하지 못하면
손님의 심기가 불편해질 수 있으므로 매우 조심해야 한다.

우리나라의 예의범절은 매우 복잡하고 까다롭다. 회사에서 업무를
진행하면서 모든 예의를 갖추기에는 현실적으로 어려운 점이 많지
만, 최소한 기본적인 예의만이라도 잘 알아두는 것이 좋겠다.

먼저 앉을 자리를 정하는 것에 관한 예의다. 회사에서는 여러 사람들이
모일 자리에서 자기 편한 대로 아무 자리에나 앉는 것이 아니라 정해진
예의와 격식에 맞도록 행동해야 한다. 사소한 예의를 모르면 당신의 진심
과는 달리 상대에게 큰 결례를 범할 수 있기 때문이다.

다음은 실제로 있었던 예이다. 내가 근무하는 회사의 사장을 수행하여
타 회사를 방문하게 되었을 때의 일이다. 미리 약속이 되어 있었지만 상
대 회사 대표는 '급한 전화를 받고 있으니 회의실에서 잠시 기다려 달라.'
요청하였다. 안내된 회의실에는 상석이 구분되어 있고 연이어 임직원들

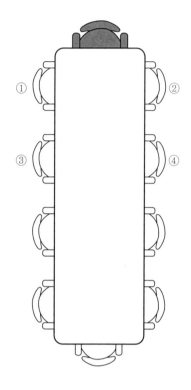

이 마주보고 앉도록 구성된 평범한 형식의 테이블이 놓여 있었다.

사장은 상석上席에 연이어 붙어 있는 제일 첫 번째 자리(그림에서 ①번 자리)에, 그리고 나는 그 옆(그림에서 ③번 자리)에 앉아 기다렸다.

그런데 몇 분 후 나타난 상대 회사 사장이 덥석 상석(그림에서 오렌지색으로 칠해진 자리)을 차지하고 앉아 이야기를 시작하는 것이 아닌가.

그러한 자리 배치는 손님을 자기가 거느리고 있는 부하 임직원 정도로 인식하지 않으면 저지를 수 없는 무례한 행동이다. 그 자리에 있었던 시간 내내 사장도 나도 기분이 매우 불편했음은 더 말할 나위가 없다.

그렇다면 이때 상대 회사 사장은 어디에 앉아야 했을까. 당연히 상석을 비워둔 채 우리 회사 사장과 마주보는 위치(그림에서 ②번 자리)에 앉아야 했던 것이다. 이렇듯 행사를 주관하는 쪽에서 좌석 배치를 바르게 하지 못하면 손님의 심기가 불편해질 수 있으므로 매우 조심해야 한다.

당신이 이제 막 회사 생활을 시작한 낮은 직급의 사람이라면 출입문 가까이에 앉는 것이 예의다.

반대로 고객이나 같은 회사의 상급자는 문으로부터 멀리 떨어져 있는 안쪽 자리를 정하여 먼저 앉으시도록 권하는 것이 원칙이다. 미리 예약된 자리가 많다고 해서 눈에 띄는 대로 아무데나 빈자리에 털썩 앉을 것이 아니라 참석자들의 높고 낮음을 따져서 당신의 자리를 눈치껏 정해 가급적 가장 마지막 순간에 앉아야 한다.

식당에서는 참석자 모두의 식사가 나오기 전에는 먼저 먹지 않도록 한다. 특히 최상급자가 먼저 수저를 든 뒤 식사를 시작하도록 주의하라.

만약 같은 회사 내 모임이라면, 그 자리에 최상급자가 오기 전에 먼저 약속 장소에 도착해 있는 것이 바람직하다. 이것은 회의든, 교육이든, 행사든 심지어 회식 자리라도 마찬가지로 적용된다.

부하 직원들이 모두 참석한 가운데 최상급자가 도착하면 곧바로 예정된 행사가 진행될 수 있도록 미리 준비하라. 또한 뚜렷한 이유가 있지 않는 한 이미 시작된 행사에 뒤늦게 참석하는 모습을 보이지 않도록 해야 한다.

승용차에 탑승하는 순서와 위치에도 예절이 있다. 이때에는 타인이 운전하는 경우와 자가 운전인 경우가 조금 다르다.

별도의 운전기사가 있는 경우, 제일 상석은 조수석 뒷자리가 된다. 두 번째 상석은 운전석 뒷자리가 되며, 말석은 조수석이다.

승용차 주인이 직접 운전하는 경우라면 조수석이 최상석이다. 그리고 조수석 뒷자리가 두 번째 상석, 운전석 뒷자리가 세 번째, 마지막으로 뒷자리 가운데가 말석이다.

특히 상사가 운전하는 차에 단둘이서 동승해 가야 하는 경우 절대로 당신이 조수석 뒷자리에 앉지 않도록 주의하라. 만약 그렇게 한다면 상사를 운전기사로 만드는 셈이기 때문이다.

상석에 앉을 분이 누구인지 결정되면 문을 열어 먼저 들어가 앉으시도록 하고 밖에서 문을 닫아드리는 것이 좋다.

다음은 고객 앞에서 당신의 상사에 대해 어느 수준의 예를 갖출 것인가에 관한 얘기다. 만일 고객 앞에서 자기 상사에게 극진한 예의를 갖추게 되면 함께 있는 고객이 불편해질 수 있으니 주의해야 한다.

일례로 어느 관청의 일을 맡아 진행하는 프로젝트가 있었는데 근처에 간 김에 감독관에게 인사를 하러 간 적이 있었다. 우리 회사 직원은 그동안 젊은 감독관을 자주 만나 일하던 터, 그가 나를 감독관에게 소개하는 상황이었다.

"저희 회사 부사장님이십니다."

이 경우에는 사실 분위기나 톤이 더 중요하다. 소개하는 사람이 감독관마저 내가 지휘하는 직원 중 한 사람처럼 느껴지는 톤으로 굽실거리면 갑자기 전체 분위기가 냉랭해질 수 있다.

기본적으로 '갑'과 '을'의 계약 관계에 있어서는 당신 상사가 자기 회사에서 어떤 지위에 있든지 간에, 갑의 입장에서 '을은 을일 뿐'이라는 생각이 밑바탕에 깔려 있다. 그러므로 고객 앞에서 자기 상사에 대하여 지나친 예우를 갖추는 것은 고객사 임직원의 심정적 반발을 살 수 있음에 유의하라.

17

슬리퍼 신은 채
돌아다니지 않기

슬리퍼는 기본적으로 회사에서 근무 중 신도록 고안된 신발이 아니다.

슬리퍼slippers가 무엇인지 모르는 사람이 있을까? 사전을 찾아보니 '실내에서 신는 신. 뒤축이 없이 발끝만 꿰게 되어 있다.'라고 뜻을 풀어놓았다.

그렇다. 슬리퍼는 기본적으로 실내화이다. 하지만 '실내室內이기만 하면 어디에서나 신을 수 있는 신'이라고 생각하는 것에 문제가 있다.

실내화에서 말하는 실내란, 지극히 사적私的인 공간, 즉 일반 가정집이나, 호텔 객실 등의 실내를 말한다. 물론 호텔에서도 자기 방을 벗어나 복도나 로비, 식당 등에 슬리퍼를 끌고 나오면 예의에 벗어나는 일이 되는 것이다.

한술 더 떠 중·고등학교 학생들이 등하굣길에 슬리퍼를 질질 끌고 다니는 광경을 보게 될 땐 절로 눈살이 찌푸려진다. 혹 그 무렵에는 그게 다

멋이라고 생각하는지 모르겠지만.

아이들이야 그렇다 치고, 사무실에 근무하는 회사원들 중에도 이런 흐트러진 모습이 종종 관찰되어 걱정이다.

그들의 특징은,

- 상사가 불러도 슬리퍼를 신은 채 그 앞에 선다.
- 외부에서 손님이 회의를 하러 올 때도 슬리퍼 차림으로 맞는다.
- 자기보다 높은 사람이 주재하는 회의나 행사에 참석하러 올 때도 슬리퍼 차림으로 나타난다.
- 심지어 점심 식사를 하기 위해 동료들과 회사 건물 바깥에 나갈 때도 슬리퍼를 끌고 나간다.

회사에서 아무 때나, 아무 곳에나 슬리퍼를 끌고 다니는 사람이라면 회사 업무에 대한 그 사람의 마음이나 기본 자세가 어떠한지 짐작해 볼 수 있다.

슬리퍼와 기본 자세가 무슨 관계가 있느냐고? 너무 비약이 아니냐고? 나는 슬리퍼를 끌고 다니지만 일만 잘한다고?

그렇다면 공연히 상사나 상대방에게 오해받을 일은 하지 않는 것이 좋다. 이런 사소하고 부주의한 행동으로 인해 당신은 '가정과 회사를 혼동하고, 실내인지 실외인지조차 구분 못하는 개념 없는 사람'으로 비쳐질 수 있기 때문이다.

슬리퍼는 기본적으로 회사에서 근무 중 신도록 고안된 신발이 아니다. 그러므로 발에 땀이 많이 차는 한 여름철이라도 회사에서 슬리퍼를 착용하는 데 있어서 매우 조심할 필요가 있다.

그래서 내가 근무하는 회사에서는 다음과 같은 원칙을 세워 두었다.

- 자기 책상 밑에 슬리퍼를 비치해 두고 근무 중 슬리퍼로 갈아 신은 채 일하는 것까지는 허용한다.
- 다만, 슬리퍼를 끌고 자기 책상 반경 5~10 m 이상은 돌아다니지 않도록 주의하라.
- 또한, 상사의 호출을 받아 그 앞에 서거나, 회의나 행사 등 비교적 공식적인 자리, 외부 손님을 맞을 때 등은 반드시 제대로 된 신발로 갈아 신고 나서야 한다.

당신이 다니고 있는 회사를 옛날 수렵 시대에 비유하면 사냥터라 할 수 있다. 사냥터에서는 기본적으로 잘 달리고 어떠한 상황에도 즉시 대응이 가능한 상태를 유지해야 하지 않겠는가? 다소 혹독한 기준이라 생각할지 모르겠지만 회사에서는 다소 긴장감을 갖고 생활하는 것이 오히려 도움이 된다.

또한, 체계와 질서가 제대로 잡혀 있는 회사에서는 슬리퍼를 아무데나 신고 나타나는 등 흐트러진 모습을 보기 어려운데, 그런 정도는 이미 상식이기 때문이다.

상식 수준이 높은 회사가 곧 일류 회사다.

18

전화 잘 받기

특히 회사의 중역이나 상사의 휴대 전화 번호는
묻는다 해서 아무에게나 알려 줄 수 있는 것이 아니라는 사실을 명심하라.

이젠 전 국민이 한 대 이상씩 갖고도 남을 만큼의 휴대 전화가 개통
되어 있다고 한다. 따라서 사무실 전화의 이용이 전보다 많이 줄
었다. 하지만 업무상 외부에서 걸려오는 고객의 전화나, 사내 직원 간의
내선 통화는 여전히 적지 않다.

당신은 회사에서 전화를 받을 때 어떤 말로 대화를 시작하는가? 혹, '여
보세요'인가?

그 통화가 자기 집 전화이거나 개인용 휴대 전화라면 그리 탓할 일이 아
닐지 몰라도 회사에서 비즈니스 목적으로 통화하는 경우라면 낙제점이다.

아직은 쌍방향 화상 통화가 그리 널리 보급되지 않은 상황이니, 전화
를 건 측에서는 전화를 받는 사람이 누구인지 궁금할 터. 그러므로 전
화를 받을 때에는 당신이 누구인지를 먼저 밝히는 것이 무엇보다 중요

하다. 대체로 권고되는 전화 응대 방법은 다음 예시와 같다.

"(감사합니다.) 조달팀 이주활 주임입니다."

이렇게 자신이 누구인지 소속과 이름, 그리고 직급을 명확하게 밝히면 전화를 한 상대는 자신의 용건을 보다 수월하게 이어 나갈 수 있다.

그런데 만약 '여보세요.'라고 전화를 받았다고 가정해 보자. 상대방은 전화 받는 사람이 누구인지 알 수 없기 때문에 대화가 갑자기 매우 어렵고 불편해진다. 특히 회사 내부 전화인 경우 상대방은 전화를 받은 사람이 자신보다 윗사람인지, 동료인지, 아니면 후배인지 전혀 가늠할 수 없어 다음 말을 이어 나가기조차 조심스럽다.

그런데 여기에서 한술 더 떠 첫 마디를 '네~'하고 전화를 받는다면 어떻겠는가?

상대방은 통화를 끝낸 후에도 개운치 않은 느낌을 갖게 된다. '회사에서 업무를 하는 사람이 전화를 "네~"하고 받다니, 뭐가 모자라도 크게 모자란 사람이군.'이라는 자신만의 마음속 평가와 함께.

그렇다면 전화를 건 사람의 경우는 어떻게 말을 이어가는 것이 좋을까?

전화를 받는 상대의 신원이 파악되었을 때 무심코 저지르게 되는 결례가 있다. 특히 자기보다 낮은 지위에 있는 사람이 전화를 받았다는 것을 알게 되면 무턱대고,

"응. 조달팀장 좀 바꿔 봐."

라는 식의 통화 말이다.

이것은 설령 당신이 상당히 높은 지위에 있다 하더라도 매우 바람직하지 않은 비즈니스 매너다. 피차 얼굴이 보이지 않은 상황에서의 대화이니

만큼 상대방이 누군지 인식되었다면 그 다음에는 당신이 누군지 밝히는 것이 피차간의 예의다.

모범 답안을 살펴보자. 설령 뒷부분의 투박한 말투는 그대로 두더라도 당신이 누구인지 밝히는 구절을 앞부분에 반드시 넣어야 한다.

"응. 나 3사업부장인데, 조달팀장 좀 바꿔 봐." 정도면 무난하겠다.

이렇게 되면 이 주임은 수화기를 넘기며 "3사업부장님 전화입니다." 와 같이 상대방에 관해 팀장에게 귀띔해줄 수 있다.

만일 자신이 누구인지 밝히지 않는 무례한 전화였다면 상대가 누구인지도 모른 채

"팀장님 바꾸라는데요?"

라며, 무턱대고 자신의 상사에게 수화기를 건네는 모자란 처신을 할 수밖에 없다. 그러니 전화 받은 사람은 그런 상황을 모면하려 다음과 같이 묻고, 상대는 또 그에 따라 답변하게 될 것이다.

"실례지만 누구시라고 전할까요?"

"응, 3사업부장이야"

결국 꼭 필요치 않았던 추가 소통이 이루어져야 하는 것은 물론,

"짜식, 바꾸라면 얼른 바꾸면 되지. 꼬치꼬치 따져 묻기는……"

"처음부터 누군지 밝히면 어디가 덧나나? 사업부장이면 전화를 그런 식으로 해도 되는 거야?"

라는 개운치 않은 뒷맛을 서로에게 남길 수 있는 것이다.

찾는 사람이 자리에 없거나 다른 통화를 하고 있는 경우엔 어떻게 해야

할까?

'지금 자리에 없습니다.'면 족할까?

아니다. 가장 일반적이고 바람직한 응대는 메모를 남겼다가 본인에게 정확히 전해주는 것이다.

"지금 자리를 잠시 비웠는데, 메모를 남겨드릴까요?"

정도면 그리 나쁘지 않을 것이다. 메모에는 언제, 누가, 무슨 용무로 전화 했었는지, 혹 상대방이 회신을 원한다면 연락 가능한 전화번호를 물어 함께 적도록 한다.

여기서 중요한 포인트 한 가지. 메모를 남긴 사람의 이름도 잊지 말고 적어 두자. 그래야 메모를 전달 받은 사람이 메모지에 적힌 내용 이외에 추가 궁금증이 있을 때 당신을 찾아 물을 수 있기 때문이다.

메모를 전달받아야 할 사람이 잠시 자리를 비운 것이 아니라 외근 중이거나 출장을 떠난 경우라면, 메모 내용을 휴대 전화 문자메시지로 즉시 보내주는 센스를 발휘하는 것도 좋겠다. 그저 머릿속에 기억한 채 '만나면 얘기해 주어야지.'하고 생각하고 있다가는 아주 중요한 연락이 본인에게 전달되지 않고 누락될 수 있기 때문이다.

꼭 메모하라. 그리고 가급적 신속히 본인에게 전달될 수 있도록 하라.

만일 전화를 걸어온 상대방이 '긴급한 일'이라며 찾는 사람의 휴대 전화 번호를 묻는다면 어떻게 하는 것이 좋을까?

이때에는 당신이 알고 있는 번호를 아무 생각 없이 덜컥 알려 주기보다,

"연락 가능한 번호와 성함을 알려 주시면, 이쪽에서 전화를 드리도록 말씀 드리겠습니다."

라며, 공손히 응대하는 것이 옳다. 그렇지 않으면 업무와 무관한 스팸spam 전화 통화가 연결될 수도 있기 때문이다.

특히 회사의 중역이나 상사의 휴대 전화 번호는 묻는다 해서 아무에게나 알려 줄 수 있는 것이 아니라는 사실을 명심하라. 휴대 전화는 비서나 아랫사람이 미리 거르지 못한 채 본인에게 직접 연결되는 전화가 아닌가. 상사와 동료 직원의 휴대 전화 번호는 적절히 보호되어야 할 대상이다.

걸려온 전화를 잘 처리하는 방법에 대해 마지막으로 두 가지만 더 얘기하자.

외부에서 다른 사람을 찾는 전화가 우연히 당신에게 연결되어 돌려주어야 할 때가 있다. 이때는 혹 끊어질 경우를 대비하여 전화 받아야 할 사람의 내선 번호를 미리 알려 주도록 하라.

'전화를 돌려드리겠다.'해놓고 실수로 연결이 끊어지면, 상대방 입장에서는 당혹스러워지기 때문이다. 내선 전화번호를 알려 주면 혹 전화가 끊어지더라도 두 번째 전화 연결에서 그 사람에게 정확히 연결되도록 시도할 수 있기 때문에 피차 시간과 노력이 절약된다.

담당자가 정확히 누군지 모르는 상태에서 걸려온 민원성 전화에 대해서는 '담당자가 곧 전화를 드리도록 하겠다.'는 식으로 처리하는 것이 좋다. 기껏 고객의 애로에 대해 다 듣고 나서 '담당자를 연결해 드리겠다.'며 전화를 돌려버리는 경우가 있는데, 이런 업무 처리는 정말 곤란하다.

고객은 이제껏 전했던 내용을 두 번째 사람에게 처음부터 다시 얘기해야 하기 때문이다. 최악의 경우 두 번째 사람도 얘길 모두 듣고 난 후 자기도 담당이 아니라며 세 번째 사람을 연결한다면 어떻게 될까. 이런 식의 무성의한 대응을 받은 고객은 감정이 상해 폭발 직전까지 가게 될 수도 있다.

따라서 이런 종류의 민원 전화는 다음과 같이 처리하도록 하자.

① 처음 전화를 받은 직원이 메모를 해가며 고객이 원하는 내용을 충분히 청취한다.

② '담당자가 곧 직접 전화를 드리도록 하겠다.'며 일단 전화를 끊도록 유도한다.

③ 고객이 원하는 내용이 무엇인지를 담당자에게 정확히 전달함으로써 고객이 회사와 마지막 대화했던 부분에서부터 자연스레 얘기가 연결되도록 조치한다.

💡 고객이 이미 했던 얘기를 다시 반복하지 않도록 배려하는 것이 중요하다.

특히 외부에서 걸려온 전화에 대해서는 항상 적극적이고 친절하게 응대하라. 그 전화가 결국 회사의 매출로 이어지거나 회사 이미지를 좋게 또는 나쁘게 만드는 결정적 계기가 될 수 있다는 것을 잊어서는 안 된다.

19

옷차림에 신경 쓰기

개성과 단정함 사이에서 한 가지를 선택해야 한다면
당신의 이미지 관리를 위해서라도 부디 단정함 쪽에 무게를 두기 바란다.

출근 복장에 관해 특별한 규제를 하지 않는 회사가 점차 늘면서 캐주얼한 차림으로 출근하는 회사원들이 많아졌다. 한 조사에 따르면 회사원의 80.5%가 동료의 출근 복장 때문에 민망했던 순간을 경험한 적이 있다고 한다. 특히 몸에 딱 달라붙는 바지나 너무 짧은 반바지, 민소매 차림, 맨발에 슬리퍼를 신는 등 회사원의 출근 복장이라고 이해하기에는 어려운 경우가 있어 적잖이 불편했다는 지적도 함께 제기되었다.

그렇다면 회사에 출근하는 옷차림은 어떻게 해야 할까? 이는 조직에 새로 합류해 첫 출근을 앞둔 많은 이들의 고민 중 하나지만, 사실 이 부분에 대한 정답은 없다. 다만 모범 답안만 있을 뿐.

당신의 첫인상은 옷차림에 따라 달라진다. 그것은 옷차림이 곧 대중에게 던지는 메시지 중 하나라고 해도 과언이 아니기 때문이다. 사람들은 옷차림을 통해 당신의 생활이나 환경, 성격, 취미, 심지어 교양 수준까지도 엿볼 수 있다. 그러므로 옷차림에 신경을 쓰는 것은 회사원으로서 갖추어야 할 품위에 관한 문제이며, 깨끗하고 단정한 차림으로 일하는 것은 일을 잘해내야 하는 것만큼이나 중요하다.

고객을 자주 만나야 하거나 공식적인 자리에 자주 나서는 사람은 정장 차림에 (남자의 경우) 드레스 셔츠를 입고 넥타이를 매는 것이 보통이다. 그러나 하루 종일 근무하면서 이렇게 빼입고 앉아 일하는 것이 불편할 수밖에 없는 직무도 있다. 이럴 땐 편안하고 깔끔한 옷차림이면 무난할 것이다.

다만 편안하다는 말의 기준이 모호하다 보니 경우에 따라 눈살이 찌푸려지는 옷차림을 하고 출근하는 경우를 종종 보게 된다. 이를테면 산이나 들에 나가면 딱 어울릴 아웃도어 차림에 원색의 운동화를 신고 온다거나, 집에서 혼자 편안하게 지낼 때 입으면 어울릴 헐렁한 차림, 또는 친구를 만날 때나 입으면 적당할 찢어진 청바지를 입고 출근하는 것 등이 그것이다.

비싼 옷으로 치장하는 것보다는 청결을 유지하는 것이 더 중요하다는 점 또한 잊지 말라. 특히 드레스 셔츠의 소매, 목 부분에 때가 타거나 구겨진 상태로 입지 않도록 주의해야 한다.

그나마 회사에서 지급한 근무복을 입는 경우에는 상황이 훨씬 낫다. 근무복 역시 일종의 유니폼uniform이라 할 수 있을 터. 유니폼은 같은 조직에 소속된 사람끼리 '우리는 하나'라는 소속감과 연대감 그리고 공동체 의식을 고취시킨다. 군이나 경찰 등과 같이 하나의 조직하에 통일된 힘을 발휘하는 것이 중요시되는 곳, 적과 아군을 쉽게 식별해야 하는 곳 등에서는 반드시 유니폼을 입힌다.

회사에서도 비슷한 목적으로 자사 임직원들에게 유니폼을 무료로 제공하는 곳이 많다. 근무복 또는 작업복 등으로 불리는 회사 유니폼은 고객으로 하여금 회사와 브랜드 이미지 및 그 사람의 신분을 어느 정도 짐작할 수 있게 해준다.

그러므로 근무복은 개성이 드러나게 입으라는 옷이 아니다. 근무복은 고객에게 제공하는 서비스 품질을 높이고, 제품 생산에 효율적이며, 안전사고를 예방할 수 있는 소재나 형태를 선택하는 경우가 대부분이기 때문이다.

근무복이 거저 지급되는 피복이라 해서 무관심하기보다는, 항상 청결하고 단정하게 입도록 노력해야 한다. 바느질이 터진 곳은 없는지 혹은 심하게 구겨지지는 않았는지 살펴보고, 지퍼나 단추는 꼭 채워라.

양팔만 끼우고 근무복 앞섶을 그대로 열어놓은 채 어슬렁거리는 모습은 회사 내부 임직원은 물론 고객 등 외부 인사들에게는 볼썽사나운 모습으로 비추어진다. 그러한 사람에게서 스마트한 이미지나 품위가 풍겨 나올 리가 만무한 노릇이다.

봄이나 가을이 되면 같은 회사 직원들끼리 단결심을 고취하기 위해 산이나 들로 야유회를 떠난다. 이때는 자신의 개성을 마음껏 드러낼 수 있는 옷차림을 해도 무방할 것이다. 하지만 회사에서 근무하는 시간에 이런 차림을 했다가는 눈총받기 십상이다.

개성과 단정함 사이에서 한 가지를 선택해야 한다면 당신의 이미지 관리를 위해서라도 부디 단정함 쪽에 무게를 두기 바란다.

03

일을 대하는 자세

20

회사 경비 바르게 집행하기

상식을 벗어난 경비 청구로 인해 그 사람이 가지고 있는 청렴한 이미지가
훼손된다면 그야말로 작은 것을 탐하다 큰 것을 잃게 되는 경우가 아니겠는가.

업무를 처리하다 보면 공적인 일로 이런 저런 경비經費를 쓰게 된다. 그 비용이 업무 수행에 소요된 것일 경우 소정의 영수증을 첨부해 회사에 청구하면 회사는 해당 경비 일체를 지급하는 것이 보통이다.

내가 일하는 유럽부흥개발은행EBRD의 경우 프로젝트 수행에 소요된 항공임을 전액 환급해 주는데, 경비 집행 검증 과정이 얼마나 철저한지 탑승객용 항공권 조각 원본을 경비 청구서에 반드시 첨부하도록 요구하고 있다. 다소 지나친 처사가 아니냐는 불평들이 없지 않지만 은행은 이 원칙을 굳게 지키고 있다. 때로 영수증에 적힌 전자티켓 번호와 항공권 상의 전자티켓 번호가 일치하지 않는다며 지적하기도 한다. 그런 경우 장문의 이메일과 관련 근거를 첨부하여 해명해야 함은 물론이다.

아무리 업무 수행에 쓴 경비더라도 회사가 그 경비 집행의 정당성을 입

증하도록 요구하면 임직원은 성실히 그에 임해야 한다.

업무 수행하는 데 쓰인 경비라는 것을 입증하였다 해서 지출 금액 규모에 관계없이 무조건 오케이는 아니다. 회사 임직원들은 기본적으로 회사 예산을 절감할 의무를 지니고 있기 때문이다.

회사의 내실 있는 성장을 위해서는 매출 신장 이상으로 중요한 것이 바로 이익의 실현이다. 일반적으로 많은 이익을 내기 위해서는 보다 많은 이윤을 남길 수 있는 상품이나 서비스를 판매하면 된다. 한편, 다른 한 가지 방법은 상품을 생산하거나 서비스를 제공하는 데 있어 비용을 더 적게 지출하는 것이다. 이를 위해서는 불요불급한 경비 집행을 억제함으로써 비용을 줄이기 위한 노력을 기울여야 한다.

이를테면 통상적인 업무 수행을 위해 출장을 갈 때에는 대중교통 이용을 기본으로 하고, 택시 등 고급 교통수단은 대중교통이 끊긴 심야 시간대 또는 대중교통 노선이 닿지 않는 곳에 출장하는 경우에만 허용하는 등의 원칙이 그것이다.

회사 경비로 식사를 할 경우에도 정해진 금액 범위 내에서 집행해야 한다. 부득이 기준을 초과하였을 경우에는 초과된 영수증을 첨부하되 규정된 기준 금액만을 청구하도록 해야 한다. 만일 회사가 정한 경비 집행 기준을 지키지 않으면 쪼잔하며 사사로운 이익에 집착하는 사람으로 간주되기 쉽다.

경비는 발생 시마다 그때그때 청구하는 것이 아니라 대개 한 달치를 모았다가 한 번에 청구한다. 반대로 몇 달치를 모아 한 번에 청구하지 않도록 주의하라. 결재권자가 경비 집행의 정당성을 체크하는 과정에서 사소한 내용은 기억에 의존하는 경우가 많은데, 이미 수개월 전에 벌어졌던 상황을 돌이켜 생각해내기는 쉽지 않기 때문이다. 또한 월간 수지收支 분석을 하는 회사의 경우 해당 경비를 제때에 분개分介하기 위해서라도 한 달 주기의 청구가 필요하다.

경비를 집행하고 받은 영수증 뒷면에는 누구와 무슨 일로 쓴 것인지 간략하게 메모해 두는 것이 좋다. 실제로 경비를 청구할 때 오랜 시간이 지난 영수증은 자신도 기억이 가물가물해 경비를 쓴 정확한 용처用處가 생각나지 않기 때문이다. 영수증은 받은 날짜순으로 정리하고 경비 청구서의 적요摘要란에 용처를 일목요연하게 기입해야 한다.

이번에는 경비의 올바른 용처에 대해서 생각해 보자. 과연 어떤 경비를 회사에 청구할 수 있고 또 어떤 경비는 청구하면 안 될까?

참 답하기 어려운 질문 중 하나다. 내게도 가끔 그런 질문을 하는 직원들이 있는데, 이때 나는 이렇게 충고한다.

"입장을 바꾸어 당신이 사장이라고 생각해 보라. 그리고 당신 회사 소속 직원이 지금 당신이 청구하려는 경비의 용처와 규모로 결재를 올렸을 때 흔쾌히 승인할 수 있을 것인지 생각해 보라. 그러면 답이 나온다."

결국 입장을 바꾸어 생각해보라는 것인데, 설령 그렇게 하더라도 각자의 가치관에 따라 승인 기준이 다소 달라지긴 하겠다. 하지만 엄연히 상식이라는 것이 존재하고 또 당신의 청구가 보편적 상식에서 크게 벗어나지 않는 한 어렵지 않게 결재받을 수 있을 것이다.

한편 접대비의 집행에 있어서는 비용으로 인정받을 수 있는 한도와 범위를 세무 당국이 미리 정해 놓고 유효한 증빙을 갖추도록 요구하고 있는 사항이므로 더욱 주의를 기울어야 한다. 접대비에 관해 법인세법에서 정하고 있는 기준을 요약해 살펴보자.

- 접대비란 업무와 관련성이 있어야 한다.
- 접대비란 특정인에게 제공되어야 한다.

위에 적은 말은 결국 '접대비는 업무와 관련하여 특정한 타인에게 - 주로 고객인 경우가 많다 - 제공되어야 한다.'는 뜻이다. 그럼에도 불구하고 접대비를 집행하는 일선에 있는 사람들 중에는 자신 스스로가 즐기기 위해 고객의 이름을 파는 몰지각한 경우가 종종 관찰된다. 아무도 모르겠지 싶어 저지르는 비행非行이지만 감독해야 할 위치에 앉아 내려다보면 모두 뻔히 보이는 일이다. '눈 가리고 아웅 한다.'는 얘기가 바로 여기에 해당하겠다. 이런 일들로 주위 동료나 상사에게 눈길을 받기 시작하면 당신의 앞날은 결코 밝다고 보기 어렵다.

소탐대실小貪大失이라는 말이 있다. 상식을 벗어난 경비 청구로 인해 그 사람이 가지고 있는 청렴한 이미지가 훼손된다면 그야말로 작은 것을 탐하다 큰 것을 잃게 되는 경우가 아니겠는가. 어찌 보면 한순간의 작은 이익이나 기쁨은 될지언정 그로 인해 자신의 장래를 망치는 우를 범하는 일이 될 수 있으니 늘 경계할 일이다.

21

부패한 직원되지 않기

비록 돈은 넉넉지 않더라도 사회적으로 존경받을 만한 분들을 향해
'잘 산다.'라고 말하자. '잘 산다'는 표현을 그런 분들에게 되돌려드리자.

2014년 소치 동계올림픽에서 우리나라는 종합 순위 13위에 올랐다. 안현수 선수가 딴 3개의 금메달을 우리나라에 보탠다면 대략 스위스와 비슷한 7위권까지도 바라다 볼 수 있었을 만큼 놀라운 성적이다. 2012년 런던올림픽에서는 5위, 2016년 리우데자네이루 올림픽에서는 8위의 성적을 거두었다.

경제 부문을 잠시 살펴보면 우리나라는 2020년도 수출액 기준 세계 7위의 무역국이다. 2020년에 국제통화기금에서 발표한 국가별 명목 GDP 순위는 세계 10위라고 한다.

나는 체육계 인사도 경제계 인사도 아닌 터, 이런 통계 자료를 늘 줄줄이 꾀고 있을 수는 없으니 언제부터인가 '우리나라의 위상은 대략 세계 10위권 안팎에 있다고 믿으면 크게 틀리지 않겠구나.'라는 생각을 하게 되었다.

그런데 믿기지 않게도 40위권 바깥의 성적을 거두고 있는 분야가 있다. 국제투명성기구에서 1995년부터 매년 각국의 부패인식지수CPI; Corruption Perceptions Index를 발표하는데, 우리나라의 성적을 19년 평균치로 보니 130개국 중 42위를 기록하고 있다.

더욱 놀라운 사실은 2010년 이후 연속 4년 동안 39위, 43위, 45위, 46위로 매년 세계부패인식지수 순위가 뒷걸음치고 있다. OECD국가 중에서는 부끄럽게도 2019년 전체 36개 국가 중 바닥권인 27위를 맴돌고 있다.

이 지수는 공무원과 정치인이 얼마나 부패해 있는가에 대한 정도를 비교하고 국가별로 순위를 정한 것이지만, 공공부문에서의 부정부패는 곧 민간 부문의 그것과 밀접한 상호 관계를 가지고 있기 때문에 매우 중요한 의미를 가진다 하겠다.

2020년도 국가별 부패인식지수

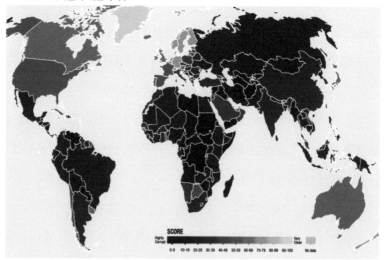

[출처 : https://www.transparency.org/en/cpi/2020/index/nzl

회사에 근무하는 임직원은 각자에게 부여된 임무의 내용과 크기가 조금씩 다르지만 한 가지 공통점이 있다. 그것은 곧 최고경영자의 업무를 분할하여 대행하고 있다는 점이다.

아마도 회사가 1인 회사였다면 모든 업무를 사장 혼자 처리했을 것이다. 그러나 회사 규모가 커지면서 더 이상 사장 혼자 모든 일을 처리하기 어려운 상황이 되었기에 임직원을 뽑아 업무를 분할 이양하고 점차 권한을 위임한 것이다.

회사의 속성이 이런 것이라면 임직원들의 마음 자세는 어떠해야 할까. 그 물음에 대한 답은 내가 곧 사장이라는 주인 의식을 갖는 것이다. 아무리 작은 일도 이 회사가 내 것이라는 생각으로 바라보며 일한다면 사장이 직접 처리할 때와 내용 면에서 큰 차이가 없어진다.

하지만 일하다 보면 아직도 사회 곳곳에 만연된 부정부패 사례를 많이 보게 된다. 이른바 '갑'으로 불리는 발주처 담당자는 (사장을 대리하여) 여러 공급사 중 어느 한 회사를 선택할 수 있는 권한을 행사하게 된다. 이 때에는 요구 품질이 충족된 상태에서 가격이 가장 싼 회사의 제품을 선택하는 것이 원칙이다. 그러나 현실 세계에서는 이런 상식과 원칙은 온데간데없이, 자신에게 뇌물을 주는 회사나 개인을 택하는 사례가 얼마나 많은가. 납품사로 선정해 주는 것을 대가로 공공연히 뇌물을 요구하는 것은 물론, 물건값에 자신이 가져갈 뇌물 액수만큼 더 얹어서 높은 가격에 계약해 주고는 그 차액을 가로채는 날도둑들이 도처에 기생하고 있다.

당신이 집행하는 예산은 곧 사장을 대리해 집행하는 것이며, 사장은 당신을 믿고 그 일을 맡겼다는 사실을 잊지 말라. 검고 더러운 돈으로 당신의 배우자와 아이들을 잘 먹이고 입히는 것은 결코 복福이 되지 못한다. 복은커녕 언젠가는 반드시 화禍가 된다.

모두가 바라는 정의로운 사회까지는 아니더라도 적어도 페어플레이fair play가 보장되는 사회는 되어야 하지 않겠는가? 실력이 우선되는 것이 아니라 누가 더 많이 가져다 바치느냐에 따라 성패가 좌우된다면 바른 사회라 말할 수 없다.

한편, '네 거냐? 내 거냐? 막 쓰자.'는 풍토가 사회에 만연되어 있음도 개탄할 일이다. 잘 한번 생각해 보자.

네 것이라면 너의 판단에 따라, 내 것이라면 나의 판단에 따라 임의로 써도 무방할 것이다. 하지만 네 것도 내 것도 아니라면 쓸지 말지를 너와 내가 얼렁뚱땅 결정할 수 없는 것이 아니겠는가.

네 것도 내 것도 아니니 꼭 필요한 만큼만을 아껴 써야 한다. 네 것도 내 것도 아니니 주인의 가치관과 판단 기준에 입각하여 집행해야 한다. 이것이 정상적인 사람이 가져야 할 정신 상태다.

비정상이 정상의 자리를 차지하고, 정상이 비정상에 의해 내몰리는 가치관 전도顚倒의 사회에서는 미래가 없다. 희망이 없다.

우리 사회에서는 오래전부터 돈 많은 사람을 '잘산다.'라고 말하는 것이 입버릇이 되어 버렸다. 심지어 국어사전까지 '잘살다'는 단어의 뜻이 '부유하게 사는 것'으로 올라 있다. 물질 만능주의 풍조를 이보다 더 잘 나타내는 사례가 있을까? 돈만 많으면 어떻게 살든 내용에 관계없이 잘 사는 것일까?

기실 세상에는 돈은 많지만 잘 살지 못하는 사람과, 돈이 없어도 잘 사는 사람의 부류로 나눌 수 있다. 그러므로 말부터 정확하게 하자. '잘 산다'는 말 대신에 '그 사람 돈이 많다.'라거나 '부자富者다.'라고 표현해야 한다.

비록 돈은 넉넉지 않더라도 사회적으로 존경받을 만한 분들을 향해 '잘 산다.'라고 말하자. '잘 산다'는 표현을 그런 분들에게 되돌려드리자.

'잘'이라는 단어에 대해 국립국어원의 표준국어대사전을 통해 그 뜻을 살펴보면 아래와 같다.

① 옳고 바르게.

② 좋고 훌륭하게.

③ 익숙하고 능란하게.

④ 자세하고 정확하게. 또는 분명하고 또렷이.

⑤ 아주 적절하게. 또는 아주 알맞게.

⑥ 아무 탈 없이 편하고 순조롭게.

⑦ 버릇으로 자주.

⑧ 유감없이 충분하게.

⑨ 아주 만족스럽게.

⑩ 예사롭거나 쉽게.

다음은 '살다'라는 동사의 뜻이다.

① 생명을 지니고 있다.

② 불 따위가 타거나 비치고 있는 상태에 있다.

③ 본래 가지고 있던 색깔이나 특징 따위가 그대로 있거나 뚜렷이 나타나다.

④ 성질이나 기운 따위가 뚜렷이 나타나다.

⑤ 마음이나 의식 속에 남아 있거나 생생하게 일어나다.

만일 '잘살다'의 어원이 '잘 + 살다'라고 가정하고 각각의 첫 번째 뜻을 가져와 풀어보면 '옳고 바르게 생명을 지니고 있다.'가 된다. 여기에는 '부유富有하게 산다.'는 의미가 전혀 없다. 만일 부유하게 산다는 뜻을 억지로 찾으려면 '부유한 것이 곧 옳고 바르다'는 얘기가 되어버리니, '옳다', '바르다'는 말의 뜻에서 다시 꼬이게 된다.

그래서일까? 표준국어대사전에서 '잘 살다'를 찾아보면, '잘-살다'와 같이 중간에 '-'이 끼워져 있음을 볼 수 있다. 이는 다소 비아냥거리는 투를 섞어 "자~알~ 살다"와 같이 발음하라는 의미일까?

물론 마지막 말은 답답해서 한번 해본 농담이다. 아마도 옳고 바르게 사는 것을 표현하려면 '잘'을 한 칸 떼어 쓰고, 부유하게 살다는 뜻을 표현하려면 '잘'을 반드시 붙여 쓰라는 의미일 것이다. 그렇다면 우리는 '잘살도록' 바라기보다는 '잘∨살도록' 소원하자.

내가 사는 이 사회가 건강하지 못하다면 우선 나부터 청렴하고 정직하게 회사 업무를 처리함으로써 우리 아이들에게 좀 더 깨끗한 사회를 물려주도록 노력하자. 세계부패인식지수 순위도 다른 지표처럼 고르게 성장하는 나라를 만들자.

정상적인 가치관을 가진 개인이 모인 곳이 건강한 회사다. 건강한 사회다. 건강한 국가다. 건강한 민족이다.

22

첫인상과 마지막 인상

'나는 이 계약을 더 이상 지속할 생각이 없으니 지금 즉시 끝내자'는 투의 돌발 행동은 정말 곤란하다.

늘 내가 일하는 회사의 대리 한 사람이 사직원을 제출했다. 이미 사업부장으로부터 그러한 낌새에 대해 미리 언질을 받은 터라 그리 놀라진 않았지만 결재하기 전 본인 면담을 위해 불렀다.

퇴직을 하려는 이유와 그리 결심하게 된 결정적인 계기 등에 관해 이야기를 나눈 후, 그를 더 이상 붙잡아 둘 수 없음을 깨달았다. 나는 그를 위한 마지막 소통을 시작했다.

"사람들은 흔히 첫인상이 중요하다고 하지. 하지만, 나는 첫인상뿐 아니라 마지막 인상 역시 매우 중요하다고 믿는다."

흠칫 놀라는 그의 표정을 보며 나의 메시지는 계속되었다. 기왕 회사를 떠나기로 결심하였다면 남은 기간 동안 잘 마무리하는 것이 중요하다는 요지의 얘기.

말이 나온 김에 퇴직하는 요령에 대해 얘기를 해보자.

퇴직을 결심하였다면 적어도 한 달 전에 정해진 양식의 사직원을 제출하여 결재를 받아야 한다. 퇴직이라는 것이 고용 계약의 해지를 의미한다고는 하지만, 어느 날 갑자기 '나는 이 계약을 더 이상 지속할 생각이 없으니 지금 즉시 끝내자'는 투의 돌발 행동은 정말 곤란하다.

그간 몸담았던 회사를 배려하는 차원에서 업무 단절로 인한 충격이 최소화되도록 노력하는 것은 당연하다. 후임자를 뽑고 인계인수를 할 시간적 여유를 고려한다면 회사 입장에서는 한 달의 여유조차 빠듯한 시간이다.

퇴직을 하게 되는 이유는 여러 가지일 것이다. 그중 대부분이 현재의 회사에 만족하지 못해 더 나은 조건과 환경을 찾아 전직을 하는 것일 터. 하지만 그렇다고 해서 당신이 그동안 보낸 시간과 경력이 갑자기 사라지는 것은 아니다. 회사의 이름과 재직 기간 그리고 재직 중 맡았던 업무 등은 당신의 이력서에 기록되어 평생 따라다니게 된다.

뿐만 아니다. 미국 등 선진국에서 이미 보편화되어 있는 이른바 '전 직장 평판조회'가 우리나라에서도 점차 자리를 잡아가는 추세이다. 이것을 흔히 레퍼런스reference라고 하는데, 외국계 글로벌 기업에서는 이력서의 맨 마지막 부분에 레퍼런스라는 항목을 반드시 기재하도록 요구하기도 한다.

일반적으로 레퍼런스에는 그동안 다녔던 회사의 상사 연락처를 적게 되며, 새 회사에서 전 회사 재직 시 당신의 상사에게 당신의 능력이나 자질 기타 평판에 대해 물어볼 수 있도록 하기 위한 것이다.

어떤가. 등이 서늘해지지 않는가?

새로 옮겨갈 회사가 이력서에 레퍼런스를 쓰라고 요구하지 않는다 해도 마찬가지다. 우리나라는 3.6명만 거치면 다 알게 된다는 좁디좁은 사회가 아니던가.

실제로 이런 일이 있었다. 어떤 직원이 다른 회사로 옮기기 위해 재직 중 잠시 짬을 내어 면접을 보았는데, 옮기려는 회사 사장이 현재 다니고 있는 회사의 사장과 막역한 사이였다는 것이다. 물론 그 직원은 그러한 사실을 알 리 없었다.

면접관이 지금 소속되어 있는 회사가 어떤지에 대해 이것저것 물었고, 솔직한(?) 그의 답변은 고스란히 현재 다니고 있는 회사의 사장 귀에 들어갔다는 것이다. 혹 이런 정황을 그가 미리 알 수 있었다면 답변이 조금 달라지지는 않았을까?

어떠한 경우라도 '자신이 먹던 우물에 침을 뱉는' 식의 행동은 바람직하지 않다. 시쳇말로 한 다리 건너면 서로 다 안다는 것이 우리네 관계다. 무슨 이유로 회사를 떠나게 되던, 자기가 몸담았던 조직에 피해가 가지 않도록 철저히 준비하고 깔끔하게 마무리하는 뒷모습을 보일 수 있도록 노력하자. 회사에 피해를 주고 자리를 떠났다는 평판이 있는 사람을 환영할 곳은 없다.

개인적 손익 측면에서도 이전 회사에 대해 혹평하지 않는 태도가 새로 지원한 회사의 면접관들에게 좋은 인상을 준다. 이는 당사자가 없는 자리에서 누군가의 뒷말을 하는 사람으로부터 좋은 인상을 받지 못하는 경우와 마찬가지인데, '이 사람은 내가 없으면 내 욕도 하겠구나.' 싶은 느낌을 상대에게 주는 것은 새 출발을 위해 결코 도움이 되지 않는다.

언제부터 출근이 가능하겠느냐는 질문에 대해서도 마찬가지다. 면접관은 '현재 다니고 있는 회사에 업무를 인계하려면 최소 1개월은 필요하겠다.'는 당신의 주장에 대하여, '책임감을 갖고 일하는 사람'이라는 좋은 인상을 갖게 마련이다.

새 회사가 정해지면 그동안 맡았던 일들을 차분히 정리하여 후임자에게 인계하도록 준비하자. 인계인수를 위한 제반 내용들은 가급적 문서로 정리해 두는 것이 좋다.

그렇다면 무엇을 인계해야 할까. 그것은 당신이 인계자가 아니라 인수자였을 경우 무엇이 필요할까를 생각해 보면 쉽게 알 수 있다. 상대방의 입장에서 꼼꼼히 정리해둔 문서를 참조할 때마다 당신의 후임자는 당신에 대해 늘 고마운 마음을 갖게 될 것이다.

다니던 회사에 마지막 출근하는 날에는 가급적 함께 일했던 많은 사람을 직접 만나 작별 인사하라. 어느 날부터 당신이 눈에 안 보이기에 물었다가 그 사람 그만두었다는 얘기를 전해 듣는다면 누구라도 기분이 썩 유쾌하지 않게 마련이다. 당신의 거취에 대해서는 남이 아니라 당신이 직접 전하는 것이 최선이다.

지긋지긋한 이 회사. 이제 새로 옮겨갈 회사도 결정되었으니 하루빨리 정리하고 떠나는 것이 상책이라고?

나는 혹 그런 생각을 가지고 있을지 모를 당신에게 '떠나는 뒷모습조차 아름다워야 진정한 프로'라 말해 주고 싶다.

성공적인 새 출발은 이전의 것들이 모두 깔끔하게 정리되는 것이 전제되어야 하기 때문이다.

23

내 손을 거친 결과는
모두 내 책임

이어달리기 형태의 업무 처리 사이클에서는 중간 과정이야 어찌 되었든
'내 손을 거친 결과는 모두 내 책임'이라는 인식으로 일해야 한다.

이제 처음부터 끝까지 혼자 처리하는 로빈슨 크루소Robinson Crusoe 타입의 업무는 점차 줄어들고 있다. 여러 사람과 여러 회사가 힘을 합해 공동의 목표를 이루는 바야흐로 협업協業의 시대이다. 협업의 시대에서는 참여한 모든 사람들의 상호 신뢰와 건전성이 중요하다. 품질과 납기 모두 그러하다.

협업은 그 특성상 앞 사람으로부터 받은 결과물을 당신의 출발점으로 삼게 된다. 물론 당신의 결과물은 또 후속 공정을 맡은 다른 사람의 손에 넘어간다. 마치 육상 경기의 이어달리기처럼 말이다.

이어달리기는 경기에 참여한 주자走者 모두 성과에 직접 관여한다. 그러므로 각자 맡은 구간을 남보다 빠르게 달리는 것이 매우 중요할 것이다.

하지만 그보다 중요한 것이 있다면 배턴baton을 잘 전달하는 것이다. 이른바 배턴 터치다.

체육학대사전에서는 배턴 터치에 관하여 '릴레이 레이스에서 주자가 다음 주자에게 배턴을 넘겨주는 것'이라고 정의하고 있다. 아래 내용은 배턴 터치에 관한 주요 경기 규칙이다.

- 배턴 터치를 행할 때는 정해진 20 m 이내의 배턴존에서 하여야 한다.
- 배턴을 던져 주는 것은 금한다.
- 다음 주자에게 넘겨주기 전에 떨어뜨렸을 때에는 떨어뜨린 주자가 다시 주워 건네주어야 한다.

[출처 : 체육학대사전, 2000. 2. 25. 민중서관]

우리는 그동안 경쟁 주자에 비해 빠르게 달리고도 배턴을 떨어뜨려 다 된 밥에 재가 뿌려지는 경기를 많이 보아 왔다.

선·후행 주자 간에 배턴을 정확히 전달하려면 과연 어떻게 하는 것이 좋을까? 물론 두 사람 모두 서 있는 상태에서 배턴을 전달하면 가장 확실하겠지만 이렇게 하면 속도가 크게 줄어드니 문제다. 더욱이 경쟁 상대가 있다 보니 멈추어 선 채 배턴을 전달할 수는 없는 노릇이다.

이어달리기의 특성을 한번 정리해 보자. 각 주자에게는 할당된 달리기 구간이 있다. 400 미터 이어달리기라면 네 명의 주자가 각각 100 미터씩을 달리게 된다. 만일 후행 주자가 서 있는 상태에서 배턴을 받는다면 속도를 다시 최고조로 올리는 데 시간이 추가로 든다. 그래서 이어달리기에서는 선행 주자와 후행 주자가 함께 뛰는 구간이 있다. 이른바 배턴존baton

_{zone}이라 불리는 30 미터 길이의 오버래핑^{overlapping} 구간이 그것이다.

다음은 이어달리기 경기의 필승 전략이다. 함께 음미해 보자.

① 선행 주자는 후행 주자가 배턴을 받기 쉽도록 전체 길이의 2/3를 남기고 그 아랫부분을 잡는다. – 배려

② 후행 주자는 속도를 충분히 올린 상태에서 배턴을 받을 수 있도록 10 m 예비 지역을 적극 활용한다. – 준비

③ 선행 주자와 후행 주자의 속도가 같아지는 지점에서 배턴을 주고받는 것이 가장 효과적이다. – 일치一致

위 전략에서 ①번은 후행 주자를 위한 선행 주자의 배려다. ②번은 팀 성과를 최고로 높이기 위한 후행 주자의 준비다. ③번은 ①번과 ②번이 모두 준비된 조직에서 볼 수 있는 하나 됨, 즉 일치다. 하모니^{harmony}다.

이 책을 읽는 대부분의 사람은 육상, 그중에서도 이어달리기 선수와는 거리가 멀 것이다. 그럼에도 불구하고 이어달리기의 특성과 규칙에 대해 상세히 소개하는 것은 이것이 회사의 일상 업무 처리 방식에 시사하는 바가 적지 않기 때문이다.

위의 필승 전략을 가만히 곱씹어 보라. 우리 모두가 공동 목표를 위해 팀 동료와 함께 실제로 트랙에서 달리는 느낌이 들지 않는가?

선행 주자는 항상 선행 주자이기만 한 것이 아니며 후행 주자는 또 영원히 후행 주자이기만 한 것이 아니다. 내가 곧 후행 주자인 동시에 새로운 구간에서는 선행 주자가 된다는 사실을 직시해야 한다.

유감스럽게도 현실 세계에서는 내 앞에 뛴 주자가 배턴을 제대로 넘겨주지 않았다고, 내 뒤에 뛸 주자가 배턴을 제대로 받을 준비가 되지 않았다

고, 그래서 무능한 동료 때문에 결과가 이렇게 되었노라 변명하는 경우가 너무도 많다.

하지만 이어달리기 형태의 업무 처리 사이클에서는 중간 과정이야 어찌되었든 '내 손을 거친 결과는 모두 내 책임'이라는 인식으로 일해야 한다. 이런 사실을 받아들이기 어렵다면 당신의 앞 단계에서 내놓은 결과물을 인수하지 말아야 한다. 더욱 철저히 검사해 문제가 없는 상태에서 받아들이거나, 기왕지사 받았다면 더 이상 불평 말고 품질을 완벽하게 바꾸어 놓거나, 둘 중 하나를 택해야 한다.

전부터 그렇게 처리해 왔다고, 전임자가 틀을 잡아놓은 것이라고, 그 부분은 다른 사람이 한 것이라고, 변명하지 말라.

걸핏하면 남의 탓을 하고 변명하는 사람은 진정한 프로professional라 할 수 없다.

24

자신의 성과 =
부하 직원들 성과의 합 +
자신의 직접 성과

무릇 관리자라면

5 × 70% + 120% = 470% 보다

5 × 110% + 75% = 625% 라는

더 나은 조직적 성과를 이끌어 내는 것이 중요하다.

회사에서는 일정 기간이 지나면 진급을 하게 된다. 말단 사원 시절에는 자기만 잘하면 그것으로 족했지만, 직급이 올라가고 더욱이 결재권이 있는 직책을 맡게 되면 상황이 많이 달라진다.

최근 우리나라에서도 조금씩 달라지고 있지만, 회사는 직원들이 관리자manager와 전문가specialist 등 서로 다른 경력 개발 진로를 따라 성장할 수 있도록 구분된 조직 체계를 갖출 필요가 있다. 그 이유는 개인 역량이 뛰어나도 그 밑에 사람을 붙여주었을 때 자신의 성과는 물론이고 전체 성과까지도 엉망으로 만들어 버리는 타입의 사람이 있기 때문이다. 이런 사람은 물론 관리자로 대성할 타입이 아니다.

그런데 현재의 자리에서 뛰어난 성과를 거두고 있는 직원에 대한 보상이나 격려로서 진급을 시키고 직책을 주는 것 외에 달리 방법이 없는 회사라면 문제가 된다.

진급이 되었으니 그에 걸맞게 연봉도 올라가는 등 조직 내에서 대접이 달라진 것까지는 좋았는데, 더 잘하라고 진급을 시켜 놓았더니 업적이 오히려 나빠지더라는 것. 이는 그 사람이 관리자의 기본 책무를 깨닫지 못한 채 전과 같이 자신의 일에만 몰두를 하고 소속 직원들의 관리에 소홀했기 때문이다.

무릇 관리자라면,

자신의 성과 = 부하 직원들 성과의 합 + 자신의 직접 성과

라는 기본 공식을 이해하고 있어야 한다. 예를 들어 다섯 명의 직원을 데리고 일하는 팀장이 있다고 하자.

만일 자신이 각고의 노력을 통해 직접 성과 120%를 거두었다 하더라도, 자신에게 배속된 다섯 명의 부하 직원들을 관리하는 데 실패해 직원들이 성과를 각각 70% 밖에 거두지 못했다면

5 × 70% + **120%** = 470%

로서, 표준 기대 성과인 600% (6 × 100%)에 훨씬 못 미치는 결과를 가져올 수 있다는 얘기다.

따라서 관리자는 아래의 식에 보인 것과 같이

$5 \times 110\% + 75\% = 625\%$

설령 자신의 직접 성과가 전보다 못하게 나오더라도 소속 부하 직원들이 더 나은 성과를 낼 수 있도록 적절히 지원하고 관리하는 데 시간을 배정함으로써 더 큰 조직적 성과가 나오도록 노력해야 한다. 회사는 혼자 일하는 곳이 아니다. 맡겨진 일을 여럿이 나누어 일하고 결과를 합해 시너지synergy를 내야 한다.

만일 그렇지 않다면 당신 상관의 입에서 "유능한 직원 한 명 잃은 대신, 무능한 관리자를 한 명 얻었다"는 자조 섞인 푸념이 나올지도 모른다.

당신은 혹 부하가 한 명도 딸려 있지 않은 현재의 직급에서 남보다 훨씬 높은 성과를 내고 있는가? 남들은 어찌 되든 자기 일에 몰두하는 스타일인가? 남들과 함께 가는 것보다는 홀가분하게 앞서 질주하는 것을 즐겨하는 타입인가?

만약 당신이 이러한 질문에 대체로 '예'라는 답변이 나오는 타입이라면, 현재 성과의 보상으로 진급이 되었을 때 무능한 관리자가 되지 않도록 스스로를 경계해야 한다.

25

삼정문

엔지니어가 추구해야 할 최고의 가치는 정확이다.
정확하지 않은 것은 엔지니어의 산물이라 할 수 없다.

내가 일하고 있는 회사의 공장에는 삼정문三精門이라는 이름의 출입
문이 있다. 그 문을 드나드는 직원들로 하여금 회사가 바라는 업
무 자세를 되새기라는 뜻에서 문에 새겨 넣은 것이다. 여기서 '삼정'이란
'정확', '정성', 그리고 '정직'을 지칭한다.

삼정문이 생기던 당시 회사는 출시된 제품의 품질 문제로 인해 골머리
를 앓고 있었다. 문제를 해소하는 과정에서 시간과 비용이 추가로 투입되
어야 하니 이른바 앞으로 남고 뒤로는 밑진다는 말이 실감나는 상황이라
고나 할까?

그러나 자원資源을 추가로 투입해야 하는 것은 오히려 겉으로 드러나는
작은 손해일 뿐이다. 기실 크고도 중요한 과제는 고객들의 불만을 신속히
해소함으로써 시장의 신뢰를 회복하는 쪽에 있다. 통상, 제품에 만족한

고객은 좋은 평판을 단지 몇 명에게만 전달하는 데 반해, 불만 고객은 많은 사람들에게 좋지 않은 소문을 퍼뜨려 회사의 잠재 고객마저 떠나게 만들기 때문이다.

이와 관련하여 와튼 스쿨Wharton School에서 2006년에 발표한 '불만 고객 연구보고서'의 내용을 잠시 살펴보자.

- 불만족 고객의 6%는 기업에 직접 항의하고
- 31%는 입소문이나 험담을 통해 친구 가족, 동료 등에게 퍼뜨리며
- 63%는 침묵한 채 다른 기업으로 이동한다.

그러므로 6%의 적극적인 불만 고객을 잘 관리하는 것도 중요하지만, 아무 말 없이 떠나는 63%의 고객이 생기지 않도록 예방하는 것은 더욱 중요하다는 요지의 얘기이다.

제품이나 서비스 품질 문제를 해소하지 않으면 고객이 외면하기 때문에 매출 신장과 회사 성장을 기대하기 어렵다. 그런데 품질을 책임져야 할 당사자, 이른바 엔지니어engineer라 불리는 직원들의 일을 대하는 자세에 문제가 있는 경우가 적지 않다.

객관적으로 볼 때 그리 뛰어난 역량을 가졌다고 인정하기 어려운데도 불구하고, 정작 본인은 '이 정도면 된 거 아니야?'라 생각하며 자신에게 비교적 후한 점수를 주고 있더란 얘기. 자신이 설정해 놓은 품질 기대수준이 낮다는 것인데, 이 부분을 지적하고 고치려면 전사적으로 부단한 노력이 필요하다.

정확正確

엔지니어가 추구해야 할 최고의 가치價値는 정확이다. 정확하지 않은 것은 엔지니어의 산물産物이라 할 수 없다. 여기서 말하는 산물에는 제품이나 서비스는 물론, 문서로 작성된 내용이나 자신의 입을 통해 나오는 말까지 모두 포함된다.

고객이나 상사의 질문에 답하는 내용도 책임질 수 있는 것이어야 한다. 그저 두루뭉술하게 대답했다가 누군가가 재확인했을 때 사실과 차이가 있다는 것이 드러나게 된다면, 당신에 관한 주변의 신뢰는 곧 바닥을 치게 마련이다. 무릇 엔지니어라면 정확치 않은 결과에 대해서는 딱히 누군가가 지적하고 비난하지 않는다 해도 스스로 수치스럽게 여길 줄 알아야 한다. 보다 정확하려면 평상시에 모든 것을 제대로 알고, 이해하며, 표현하려는 노력을 끊임없이 기울여야 한다.

아직도 많은 사람들이 다음과 같이 소통하고 있다.

"그 작업은 언제 완료되나요?"

"아마 다음 달쯤이면 될 거예요."

별다를 것이 없어 보이는 이 짧은 대화 속에서 정확도 측면을 평가해 보면 거의 영점에 가깝다. '다음 달'이라면 과연 초일初日에 된다는 건지 말일末日에 된다는 건지 모호하다. 어느 쪽이냐에 따라 최장 30일의 시차가 생긴다. 대개 이런 경우 받을 사람은 초일 즈음으로 생각하고, 주어야 할 사람은 말일로 생각하는 경우가 많다. 사정이 이러하니 커뮤니케이션에 문제가 생기고 불필요한 갈등이 빚어진다.

거래 관계에서 받을 사람이 '갑'이고 주어야 할 사람이 '을'이라면, 30일의 시차는 결국 '을'이 따라 잡아야 할 지연 공기_{遲延工期}로 부메랑이 되어 돌아온다. 절대 공기_{絶對工期}가 확보되지 않은 상태에서 납기를 맞추려 서두르게 되면 품질은 물 건너가기 쉽다. 품질 달성에 실패하면 이를 회복하기 위한 시간과 비용 등 추가 자원이 투입되어야 하고, 그 과정에서 시장의 불신은 원플러스원(1 + 1) 상품처럼 덤으로 따라온다.

그러므로 가급적 정확하게 말하는 습관을 기르도록 하자.

"다음 주는 되어야겠는데요." 대신에,

"다음 주 수요일 퇴근 시간까지는 마무리 지어 드리겠습니다."

라고 말하자. 당신이 어떻게 말하느냐에 따라 커뮤니케이션 에러는 크거나 작아진다. 무심코 얘기하는 '다음 달'은 첫날이냐 말일이냐에 따라 최장 30일, '다음 주'는 월요일이냐 금요일이냐에 따라 4일, 그리고 '내일'은 출근 시간이냐 퇴근 시간이냐에 따라 하루, 오전이냐 오후냐에 따라 반나절의 시차가 생길 수 있다는 점을 잊지 말라.

또한 당신의 고객이나 상사는 두루뭉술한 표현보다는 똑 부러지는 표현에 더 큰 신뢰를 갖는다.

정성精誠

정성의 사전적 의미는 '온갖 힘을 다하려는 참되고 성실한 마음'이다. 참되고 성실한 마음가짐과 관련된 유명한 일화로 다들 한 번쯤은 들어보았을 '세 명의 석수장이'에 관한 이야기가 있다.

17세기에 런던에 대화재가 있었다. 그때 유명한 세인트 폴 대성당도 불에 탔다. 성당 재건을 위해 설계를 맡았던 크리스토퍼 렌이 공사 현장을 찾았다. 마침 거기에서는 성당 벽을 세우기 위해 돌을 다듬는 일이 한창이었다. 크리스토퍼 렌이 한쪽에서 돌을 다듬고 있던 사람에게 물었다. "지금 무슨 일을 하고 계십니까?" 그 사람은 짜증이 잔뜩 묻어나는 말로 퉁명스럽게 대답했다. "보면 모르오? 돌을 다듬고 있지 않소." 민망해진 렌은 몇 미터 옆에서 일하던 또 다른 사람에게 같은 질문을 했다. 그가 대답했다. "목구멍이 포도청이라서 벌어먹고 사느라 이 고생을 하는 것 아니요?" 몇 미터 더 지나서 다시 한 사람에게 같은 질문을 했다. 그 사람이 대답했다. "하나님의 성전을 짓기 위해 돌을 다듬고 있습니다. 사실 저는 전과자입니다. 지금은 지난날을 참회하는 마음으로 성전에 쓰일 돌을 정성을 다해 다듬고 있습니다."

세 사람은 같은 일을 하고 있었지만 그가 어떤 생각을 가지고 있느냐에 따라 대답은 천양지차天壤之差로 달라진다. 일의 가치와 일하는 사람의 보람이 달라진다. 결국 제품의 품질이 달라진다.

회사는 학교 다닐 때처럼 중간고사와 기말고사만 잘 보면 우수하게 인정되는 평가 시스템이 아니다. 오히려 매순간 자신에게 주어진 과제를 정성을 다해 고품질의 성과를 냈을 때 그것이 쌓이고 쌓여 당신의 좋은 평판을 이루는 것이다.

그러나 매사를 일로만 연관시켜 생각하면 지루하고 힘들어 초심을 오래 유지하기 어렵다. 일을 대하는 자세와 관련하여 발명왕 토머스 에디슨의 일화逸話를 들여다보자.

발명왕 에디슨은 식사 시간을 놓쳐가면서, 어떤 때에는 18시간씩 연구실에 들어앉아 연구에 열중했다고 한다. 그렇게 힘을 다해 많은 일을 한 그는 이런 글을 남겼다.

"나는 한 번도 일한 적이 없습니다. 모든 것을 즐겼을 뿐입니다."

에디슨은 자신이 하고 있는 일을 고된 노동으로 생각하지 않고 즐겼다. 그는 자기 일에 최선을 다했으며, 수많은 실패와 어려움을 겪었음에도 불구하고 그 모든 것을 '즐겼다.'고 말한다.

논어에도 '지지자 불여호지자, 호지자 불여락지자'知之者 不如好之者, 好之者 不如樂之者라는 말이 있다. '알기만 하는 사람은 좋아하는 사람만 못하고, 좋아하는 사람은 즐기는 사람만 못하다.'는 뜻인데, 공자孔子가 마치 2,400년 후 에디슨처럼 일을 즐기는 사람이 나타날 것을 예견하고 있는 듯하니 놀랍지 않은가?

우리도 이와 같은 경지에 이르도록 노력해 보자. '아무개가 한 일에 대해서는 더 의심할 필요가 없다.'는 주위의 평가와 인정이 나오도록 주어진 모든 과업에 정성을 쏟아 붓도록 하자.

정직 正直

회사에서 일을 하다 보면 자신의 실수로 일이 잘못되는 경우가 생길 수 있다. 이때 남들이 쉽게 이해하지 못하는 전문 분야일수록 자신의 실수를 인정하지 않고 궤변 논리로 어려움을 피해나가는 경우를 간혹 볼 수 있다.

우리 인간의 과학 기술이라는 것이, 실제 존재하는 것 그리고 삼라만상의 원리를 얼마나 발견하고 또 이해하고 있는 것일까. 아마도 매우 적은 양에 지나지 않을 것이다. 상황이 이러함에도 전문가라는 사람들이 마치 모든 것을 다 알고 있는 사람인 양 말하고 행동한다면 그것은 가소로운 일이 아닐 수 없다.

최근 수년 전부터 사회적으로 문제가 되고 있는 자동차 급발진 사고에 대해 생각해 보자. 합리적 사고를 기초로 판단해 볼 때, 급발진이라는 현상은 자동 변속기가 도입된 이후 생긴 문제이다. 특히 기계식 자동 변속기가 쓰이던 시대에는 없었고 전자식 자동 변속기가 나온 후부터 심심치 않게 보고되고 있는 점을 주목해야 한다. 그렇다면 원인은 전자식 제어 장치 어딘가에 있다는 추론이 가능하다. 이런 식으로 문제의 근본 원인이 내재하는 도메인domain을 좁혀 나가면 해결에 필요한 시간과 노력을 크게 줄일 수 있다.

그러나 이런 추론을 기반으로 해당 분야 엔지니어에게 검토를 요청하면, 이들 대부분이 문제의 원인을 자신이 아닌 남에게 우선 돌리려는 태도를 보인다는 데 어려움이 있다. 이를테면,

"내가 당신하고만 일하는 것도 아닌데, 나는 그 어디서도 이런 문제가

발생하고 있다는 얘길 듣지 못했어. 그러니 이 문제는 나로 인해 생기는 문제가 아니야. 내말 못 믿겠으면 내 쪽에 문제가 있다는 것을 당신이 증명해 봐. 그러면 내가 들여다봐 줄 테니.”

라는 식으로 말이다.

요즘과 같이 인프라, 하드웨어, 소프트웨어로 서로 복잡하게 얽혀 동작하는 제품에서는 에러의 원인이 어디 있는지 꼭 짚어 내기가 사실 그리 녹록치 않다. 심지어 같은 증상을 재현하는 것조차 쉽지 않다. 문제 상황을 항상 재현할 수만 있어도 원인을 파악하고 해결책을 찾는 데 쉽게 다가설 수 있을 텐데 말이다.

미국의 한 소프트웨어컨설팅 회사가 일본 도요타 자동차의 자동 변속기 급발진 원인을 밝혀냈다는 보도는 그래서 더 의미가 있다. 세계 최고의 기술 집단이라고 여겨지는 미국 항공우주국NASA에서조차 밝히지 못한 난제難題였지만, 이 회사에서 원인을 밝히고 증상을 재현하는 데 성공했다니 이제 처방은 시간 문제일 것이다.

그런데 여기서 그간 아쉬웠던 점을 한 가지 지적하지 않을 수 없다. 만약 이 문제에 대하여 시스템을 만든 사람과 검사하는 사람 그리고 이용하는 사람들이 각자 처한 입장을 떠나 문제 해결을 위해 적극 공조했더라면, 보다 짧은 시간 내에 원인을 찾을 수 있지 않았을까?

하지만 결국 그렇지 못했으니 그 이유는 둘 중 하나가 아니었을까 싶다. 엔지니어들이 정직하지 못했거나, 또는 상업적 이유로 인해 회사가 사실을 이미 알고도 은폐 했거나.

‘손바닥으로 하늘을 가릴 수 없다.’는 말이 있다. 언젠가는 밝혀질 일에 대해 당장의 상황을 모면하기 위해 사실을 부인하거나, 자신의 사사로운 이익을 지키기 위해, 또는 쓸데없는 자만심으로 인해 문제의 본질을 외면해서는 안 된다. 미궁에 빠져 있는 난제의 원인을 진단하고 처방하기 위한 공동의 노력에 힘을 보태지 않는다면, 그는 엔지니어로서는 물론 사회 구성원으로서도 자격이 없다 할 것이다.

당신이 전문가라면 정직은 반드시 갖추어야 할 필수 불가결한 덕목이다. 정직은 또한 겸손과도 맞닿아 있다. 다른 사람과의 협업을 통해 이룬 공동 성과에서 시스템의 동작 결과가 이상하게 나타난다면, 그것이 혹 당신이 처리한 부분으로 인해 생긴 일은 아닌지 겸허하게 자신을 먼저 되돌아볼 일이다.

26

일신 우일신

이 글은 '탕지반명'이라 하여 중국 은나라를 창건한 탕왕이
자신이 쓰는 세숫대야에 새겨 놓은 글이었다.

회사에서 일하다 보면 맡은 바 직무에 따라 조금 차이는 있지만 비슷한 일을 반복해 진행하는 경우가 꽤 있다. 이를테면 자기 부서 실적을 매월 같은 날에 상급 부서나 유관 부서에 문서로 보고하는 것 등이 그것이다. 이런 부류의 일은 대개 특정 서식을 정해 놓고 매월 그날이 되었을 때 날짜와 실적 데이터만을 바꾼 뒤 결재를 받아 발송하는 것이 보통이다.

그러나 한 달에 한 번씩 정기적으로 보고하는 문서의 경우에도 처음 작성할 때처럼 한 글자 한 글자 꼼꼼히 다시 읽어 보면 개선할 점이 제법 발견된다. 사람은 누구나 처음부터 완벽하기가 어려우므로 지난달에 최선을 다해 작성한 문서일지라도 이번 달에 다시 읽어 보면 왠지 어색하거나 부족한 부분이 눈에 띄게 마련이다. 그런 경우에는 비록 문장 속의 한 글

자라도 지나치지 말고 더 나은 방법이 있다면 반드시 고쳐야 한다.

내 경우에도 그런 마음가짐으로 예전 문서를 다시 읽어 보면 늘 한 두 곳은 개선할 부분이 발견되곤 했다. 이상하리만치 예외 없이 말이다. 때로는 잘못된 글자를 바로잡기도 했고, 때로는 띄어쓰기를 신경써 보기도 하고, 같은 의미이지만 좀 더 쉽게 표현되도록 고쳐 보기도 했다.

그러다 보니 품질이 점차 좋아졌다. 그런데 이렇게 하다 보면 자신이 이전에 이루어 놓은 성과를 보고 언젠가는 스스로 감탄하는 경우가 도래할 수 있다.

'오, 신이시여. 이것이 정녕 제가 만든 것이란 말입니까?'하고 탄복할 정도로 완벽한 성과가 눈앞에 펼쳐지는 것이다.

만약 이런 생각이 들었다면 이는 둘 중의 하나다. 그 성과가 정말 더 이상 손을 댈 수 없을 정도로 완벽해졌거나, 혹 그게 아니라면 당신의 능력 향상이 멈추어 점차 퇴보하고 있다는 증거.

하지만 우리 좀 더 솔직해지자. 더 이상 손을 댈 필요가 없을 정도로 완벽해지기가 어디 그리 쉬운가?

이는 십중팔구 당신의 능력이 정체되어 퇴보하고 있다는 신호로 보아 위기감을 느껴야 한다. 그동안 안일하게 지내왔던 태도에 대해 반성하고 다시 신발 끈을 조여야 한다.

같은 일을 반복하더라도 매번 새롭게 할 수 있는 방법이 있는지 고민하자. 사람과 기계가 다른 점이 있다면 이것이다. 기계는 우리 인간과는 달리 쉬지 않고 일할 수 있는 놀라운 생산성을 발휘한다. 하지만 기계는 스스로 생각하고 판단할 수 없기 때문에 시키는 대로만 일한다. 잘못 세팅해 놓으면 계속해서 불량품을 만들어낸다. 하지만 인간은 기계가 갖고 있지 않은 학습 능력과 사고력 그리고 지각 능력이 있다. 설령 잘못된 지시를 받았더라도, 또 지난번에는 미흡했더라도, 이번에는 스스로 보정할 수 있는 능력을 가진 것이 인간이다. 한 번에 만족할 만한 성과가 나오지 않았어도 매번 최종 목표에 조금씩 다가서도록 노력해야 한다. 끊임없이 생각하고 전보다 나은 방법을 찾아 행해야 한다. 그렇지 못하다면 인간이 기계보다 나은 것이 무엇이겠는가?

일신 우일신日新 又日新이라는 말이 있다. '나날이 새로워야 한다.'는 뜻을 가지고 있는 이 글은 탕지반명湯之盤銘이라 하여 중국 은殷나라를 창건한 탕왕湯王이 자신이 쓰는 세숫대야에 새겨 놓은 글이었다고 한다. 새로 나라를 세운 탕왕은 세수할 때마다 이 구절을 보며 더 나은 정치를 하기 위한 다짐을 했을 것이다.

💡 湯之盤銘曰 "苟日新, 日日新, 又日新"
　탕왕이 세숫대야에 새겨놓기를,
　"진실로 날마다 새로워지려거든, 나날이 새로워야 하고, 또 날로 새로워야 한다."

현대는 시간 압축이라는 말이 어울릴 정도로 빠르고 변화무쌍하다. 이러한 세상에서 자신의 역량을 가다듬고 강화하려면 끊임없이 새로워지려는 노력 외에는 다른 방법이 없다. 비록 작은 것이라도 어제 몰랐던 지식을 새롭게 알게 되면, "오늘 회사에 출근한 의미가 있다."는 마음가짐으로 기쁘고 새롭게 일하도록 하자.

27

직급과 직책 구분하기

직급과 직위는 거의 같은 의미로 쓰이며,
직책은 의사 결정권을 가진 보직 명칭을 의미한다.

학교를 막 졸업하고 회사에 입사하면 신입 사원新入社員이라고 불린다. 신입 사원은 회사에 새로 들어온 직원이라는 뜻과 함께 '사원'이라는 직급職級을 가진 사람을 의미한다.

회사에는 사원 외에 여러 가지 직급이 존재한다. 예를 들면,

사원 → 주임 → 대리 → 과장 → 차장 → 부장 → 이사 → 상무 → 전무 → 부사장 → 사장

등이 모두 직급에 해당한다. 직급 사이에 → 표시를 넣은 이유는 오른쪽으로 갈수록 높은 직급이라는 의미.

💡 직급은 본래 조직 구성원에 대한 처우 기준을 구분하기 위해 사용되었으며, 직위職位는 통상 직급에 대한 호칭의 개념으로 사용되었다. 하지만 1990년대 수평적 조직 구조의 대표적 방법인 팀제가 등장하면서부터는, 직급이라는 용어가 조직상 역할 구분의 개념으로 쓰이면서 직위라는 용어를 점차 대체하고 있는 상황이다.

직급이란 회사 임직원에게 부여된 일종의 계급階級이라고 보면 쉽다. 군 복무를 마친 사람의 경우에는 더욱 이해하기 쉬울 터. 군軍에

이등병 → 일등병 → 상등병 → 병장 → 하사 → 중사 → 상사 → 소위 → 중위 → 대위 → 소령 → 중령 → 대령 → 준장 → 소장 → 중장 → 대장

등의 계급이 정해져 있는 것과 마찬가지다. 회사에서는 사원에서 시작해서 일정 근무 기간이 경과하면 상위 직급으로 승진하게 된다. 이는 물론 승진 대상자에 포함되어 심사에 통과해야 하지만 말이다.

그렇다면 직책職責은 무엇일까?

직책은 조직의 형태 그리고 책임 및 권한과 관련이 있다. 즉, 결재권과 밀접한 관계가 있다는 뜻.

앞서 예를 들었던 직급 체계는 본래 부−과−계로 이어지는 수직적 조직 체계에서 유래하였다. 즉, 부장部長이라는 직급은 부部라는 조직의 수장, 과장課長이라는 직급은 과課라는 조직의 수장이며 차장次長은 부의 차석, 대리代理는 과의 차석인 과장 대리를 일컫던 용어였다. 그 시대에는 '직급 = 직책'이라고 보면 되었지만, 요즘은 빠르고 효율적인 의사 결정을 위해 조직을 단순화하는 경향이 두드러져 직급과 직책을 분리 운영하는 회사가 많아졌다.

즉, 전체 회사를 부문部門이나 본부本部로 나누고 그 아래 팀team이 존재하는 슬림slim 조직이 그것이다. 이렇게 만들어진 조직에는 부문장, 또는 본부장 및 팀장이 필요하게 되는데, 전무, 상무, 이사 등이 부문장이나 본부장을 맡고, 부장이나 차장이 팀장에 보직되는 등의 형태가 흔하다. 이러한 수평적 조직 형태에서는 심지어 차장이 팀장을 맡고 있는 부서에 그

보다 상위 직급인 부장이 팀원으로 일하는 (그 옛날 부-과-계 형태의 조직이 있던 시절의 시각으로 본다면 아주 이상한) 경우도 생길 수 있다. 이는 직무 중심, 능력이나 성과 중심의 조직이 강조되는 무한 경쟁 시대의 산물이라 하겠다.

어쨌든 수평적 조직 형태에서는 부문장, 본부장, 팀장 등 직책이 부여된 사람들만이 의사 결정권을 갖는다. 이러한 보직 간부 외에 나머지 사람들은 그저 한 사람의 팀원으로서 부여된 임무에 충실하면 되는 것이다. 그의 직급이 이사理事가 되었든 부장이 되었든 차장이나 과장이 되었든 결재권과는 아무런 관계가 없다.

아직 모든 것이 낯선 신입 사원 입장에서는 부장이다, 차장이다 하는 직급을 달고 있는 선배 직원들 한 사람 한 사람이 모두 자기 상사처럼 보이겠지만, 실은 그렇지 않다. 그러기에 새내기 직원으로서 제일 먼저 파악해야 하는 것 중 하나가 회사의 조직 체계이다. 즉, 당신의 팀장이 누구인지, 그 팀은 어느 본부나 부문에 속해 있는지(즉 본부장이 누구인지, 부문장이 누구인지, 부사장은 누구인지 등……), 섬겨야 할 직속상관을 파악하라는 얘기다.

직급, 직위, 직책 등 비슷한 용어에 대해 개념을 잡지 못하고 혼란스러워하는 사람들이 꽤 있는데, 다음과 같이 정리해 보자.

- 직급과 직위의 개념은 본디 차이가 있었지만, 현재는 거의 같은 의미로 쓰이는 경우가 많다.
- 직책은 조직 형태와 관련이 있으며, 의사 결정권을 가진 보직 명칭을 의미한다.

참고로, 직급이 올라가는 것을 승진이라 표현하지만 직책을 맡게 되는 것은 승진이라 하지 않는다. 또, 직책은 부여받기도 때로는 면(免)하기도 하지만 직급은 한 번 올라가면 떨어지는 경우가 좀처럼 없다.

💡 업무 수행 중 커다란 과오를 저질러 징계의 하나로서 직급 강등을 당하는 경우가 드물게 있긴 하지만 말이다.

또, 직책은 조직과 관련이 있으므로 같은 팀장이라도 경영팀장, 조달팀장, 소프트웨어팀장 등 조직명을 직책명에 붙여서 함께 쓰게 되지만 직급은 그런 경우가 좀처럼 없다는 점도 아울러 알아 두자.

한편, 같은 차장 직급을 가진 두 사람이 있을 때 한 사람은 팀장 다른 한 사람은 팀장이 아니라 가정해 보자. 이 둘을 호칭할 때 직책이 있는 사람에게는 직급 대신 직책을 불러주는 것이 회사가 중용(重用)하고 있는 사람에 대해 예의를 표하는 의미가 된다는 것도 잊지 말자.

소프트웨어팀장 차장 육수전 – "육 팀장님"
(직책이 없는)   차장 홍길동 – "홍 차장님"

물론 위 두 사람이 영어 명함에 적을 수 있는 타이틀(title)에도 차이가 있다. 같은 차장급 직원이라도 육수전 팀장의 경우 명함에 'manager'라는 타이틀을 적을 수 있지만, 홍길동 차장의 경우는 그렇지 않다.

04

기본기 다지기

28

바르게 적고 제대로 발음하기

우리나라 국민만큼 '다르다'와 '틀리다'를
구분하지 못하고 쓰는 사람들이 또 있을까?

일을 한다는 것은 과연 무엇을 의미하는 것일까?

나는 얼마 전 이러한 명제에 대하여 스스로 답을 구해 보았다. 결국 내가 내린 결론은 "일하는 것은 소통疏通하는 것이다"라는 한마디로 요약되었다. 그만큼 소통이 일을 하는 데 있어 중요하다는 의미일 터.

소통에 실패하면 잘못을 바로잡기 위해 많은 시간과 비용이 든다. 주문한 고객은 엉뚱한 제품이나 서비스를 가져온 당신에게 크게 화를 내게 되고, 그로 인해 이미 납품 기한이 지나버렸다면 손해를 만회하기 위해 지체 상금遲滯償金을 청구하기도 한다.

만일 사태가 이런 지경까지 이르게 된다면 회사가 입는 피해는 얼마나 될까?

하루가 지날 때마다 지급해야 할 지체 상금이 택시미터기 올라가듯 계속 늘어나는 직접 손해 외에도, '신뢰하지 못할 회사'라는 이미지 추락으로 인한 간접 손해는 산정하기조차 어렵다. 특히 국가나 공공 기관과 거래를 하며 생긴 일이라면 부정당不正當 업체로 등록되어 이후 일정 기간 동안 거래를 할 수 없는 지경에 이를 수도 있다.

그런데 이 모든 직 간접 피해가 결국 명확하지 않은 소통으로 인해 빚어진 것일 때가 많다. 주문한 사람인 '갑甲'과 납품하는 사람인 '을乙' 사이에 제대로 소통했다고 생각했지만 결국은 서로 다르게 이해理解한 것이 불행의 시작이다.

이런 경우 잘못은 어느 쪽에 있을까? 정확히 따져보면 소통 당사자인 양쪽 모두에 잘못이 있지만 '갑'의 위세가 등등한 우리 사회에서는 대부분 '을'의 잘못으로 치부되는 경우가 많다.

그렇다면 어떻게 대비해야 할까?

소통을 위해 필요한 모든 수단과 방법을 동원해야 한다. 중요한 협의 사항은 회의록으로 남기고 불분명한 사항은 재확인함으로써, 요구하는 사람과 요구에 따라 일하는 사람 간의 미스 커뮤니케이션miscommunications을 최소화해야 한다는 말이다.

사정이 이러함에도 현실 세계에서는 말이나 글에 대한 완전한 이해가 부족한 상태에서 적당히 소통하는 경우를 많이 볼 수 있다. 특히 업무상 자주 쓰이는 용어를 잘못 표기하거나 엉뚱하게 발음하는 경우는 참으로 안타깝다.

다음에 적은 것들은 업무나 실생활에서 자주 틀리는 사례를 몇 가지 나열한 것이니 참고하기 바란다.

틀리다 – 다르다

우리나라 국민만큼 '다르다'와 '틀리다'를 구분하지 못하고 쓰는 사람들이 또 있을까? 주위의 10명 중 9명은 이 두 가지를 구별하지 못하고 섞어 쓰고 있음을 본다. 아니 조금 더 정확히 말하자면 다르다는 단어 자체를 들어보기가 참 힘들다. 왜냐하면 '다르다'라고 해야 할 곳마다 '틀리다'라고 말하니까.

'틀리다'는 옳고 그름의 문제인 데 반해, '다르다'에는 그저 서로 같지 않은 것을 의미할 뿐 옳고 그름에 관한 구분은 전혀 들어 있지 않다.

그리 어렵지 않은 기본 영어 단어니까 이 두 가지 말을 한번 영어로 바꾸어 보자.

틀리다 – wrong

다르다 – different

어떤가, 이렇게 놓고 보니 두 단어의 차이가 조금 더 명확하게 느껴지는가? 만약 그렇게 느꼈다면 이 단어에 관한 한 당신의 국어 실력은 영어 실력보다 뒤떨어진다.

우리가 왜 이렇게 되었는지에 대해서는 다른 분들이 많이 의견을 내놓았으니 생략하기로 한다. 다만 적어도 '틀리다'와 '다르다'는 같이 섞어 쓸 수 있는 동의어가 아니라 상황에 맞게 써야 할 전혀 다른 말이라는 것을 이해하고 잘 구분하기 바란다.

가르치다 – 가리키다 – 가르키다(×)

'틀리다'와 '다르다'의 구분만큼이나 제대로 쓰는 사람을 찾아보기 어려운 것이 바로 '가르치다'와 '가리키다'의 구별이다.

'가르치다'는 '지식이나 기능, 이치 따위를 깨닫게 하거나 익히게 하다.'의 뜻을, '가리키다'는 '손가락 따위로 어떤 방향이나 대상을 집어서 보이거나 말하거나 알리다.'의 뜻으로 쓰인다.

하지만 이 경우에는 단순히 '가르치다'와 '가리키다'를 구분하지 못하는 잘못보다는 '가르치다'로 써야 할 부분에 '가르키다'와 같이 두 어휘를 섞어 이도 저도 아닌 형태로 쓰는 경우를 일상에서 훨씬 더 많이 보게 된다. 이 역시 틀리지 않도록 바짝 신경 쓰기 바란다.

프로 – 퍼센트

백분율百分率 단위에 대해 너나할 것 없이 많이들 잘못 쓰는 발음이 '프로'다. 이곳저곳에서 '오 프로', '십 프로'라는 식의 표현이 너무 자연스럽다. '%'를 '프로'라 읽으라고 누가 가르친 적 없음에도 불구하고 왜 모두들 '퍼센트' 대신 '프로'라 발음하는 것일까.

혹, 세 글자를 말하는 것보다 두 글자를 말하는 것이 경제적이기 때문에? 퍼센트보다는 프로가 부드럽고 발음하기 쉽기 때문에?

프로의 어원을 거슬러 올라가 보면 놀랍게도 네덜란드어 '프로센트procent'로부터 나왔다고 한다. 외래어라면 한자와 영어, 일본어가 판을 치는 우리나라에 백분율을 나타내는 단어만 네덜란드 단어로부터 유래했다니 참으로 별스럽다.

어찌되었든 '프로'가 우리말이 아닌 외래어이다 보니 막연히 영어가 아닐까 생각하는 사람들도 있다. 그냥 내버려두면 외국인과 영어로 말할 때 '파이브 프로', '텐 프로' 등으로 이상스레 발전되는 우스꽝스런 일도 생길 수 있겠다. '프로는 이미 영어이니 숫자만 영어로 바꾸면 되겠지' 하는 안일한 생각에서 말이다.

더욱이 백분율을 의미하는 퍼센티지percentage에서 '~tage'만을 차용해 프로티지protage(pro + tage)라는 신조어까지 만들어 쓰고 있는 작금의 상황에 이르면, 도대체 원래 뭐가 뭐였는지조차 가늠하기 쉽지 않다.

'프로'라는 말이 일본을 통해 우리나라에 들어와 익숙해진 네덜란드어라며, 또 표준국어대사전에 프로가 '퍼센트와 같은 말'이라 나와 있다며, 나름 그 뿌리를 인정해 준다 치더라도 '프로티지'까지는 너무 나갔다.

당신은 이런 국적 불명의 단어를 쓰지 않도록 평상시 늘 신경을 쓰라. 이는 처음부터 제대로 배워두지 않으면 결정적인 순간에 큰 실수를 하는 상황에 봉착할 수 있기 때문이다.

퍼센트 – 퍼센트 포인트

프로와 퍼센트만큼 자주 쓰이지는 않지만 제대로 구분하지 못하는 점에 있어 정도가 훨씬 심한 것은 퍼센트와 퍼센트 포인트percent point 사이의 관계다.

퍼센트 포인트란 두 백분율 간의 산술적 차이를 나타낼 때 쓰는 용어이며, %p 또는 %P 등과 같은 단위로 표기한다.

"은행권 대출 금리가 10%에서 12%로 올랐다."는 발표가 있었다고 가정해 보자.

이때 많은 사람들은 "금리가 2 퍼센트 올랐다."라고 말하지만, 정확히는 "2 퍼센트 포인트가 올랐다."고 말하는 것이 옳다.

만약 몇 포인트라는 단어를 빼고 그냥 "몇 퍼센트 올랐다." 식으로 쓰려면, (위의 예에서는) 2 퍼센트가 아닌 "20 퍼센트 올랐다."고 말해야 한다. 왜냐하면 새로 정한 금리인 12%에서 종전의 금리인 10%를 빼면 2%가 되지만, 이 2%는 종전의 금리인 10%에 대해서는 20%가 되기 때문이다.

$$\frac{12\% - 10\%}{10\%} \times 100\% = 20\%$$

정확한 소통을 위해 작은 것 하나에도 신경을 써 말하고 적으면 당신의 업무 능력과 성과 품질은 저절로 올라간다.

저희나라 – 우리나라

예를 갖춘답시고 '우리나라'라고 표현해야 할 상황에서 '저희나라'라고 말하는 경우가 꽤 있다. 이는 특히 방송 인터뷰에서 많이 관찰되는데 들을 때마다 눈살이 찌푸려진다. 우리나라와 저희나라에 대하여 국립국어원에서 정리해 제공한 내용을 아래 전재하니 참고 바란다.

> 자기의 나라나 민족은 남의 나라, 다른 민족 앞에서 낮출 대상이 아닙니다. 그러므로 '우리'의 낮춤말인 '저희'를 써서 '저희나라'와 같이 표현하지 않습니다. 그러므로 "당신의 나라에서는 새해 첫날에 무엇을 드십니까?"와 같이 외국인이 질문한다면, "우리나라에서는 떡국을 먹습니다." 또는 "한국에서는 떡국을 먹습니다."와 같이 말하면 됩니다.

[출처: 국립국어원 우리말 바로쓰기]

어플리케이션 – 애플리케이션

'어플리케이션'은 application program, 즉 응용프로그램을 줄여 말할 때 많이들 쓰고 있다. 그런데 이 단어의 제대로 된 발음이 '애플리케이션'이라는 것을 아는가?

동사인 'apply'의 발음은 분명 '어플라이'이다. 그러니 application도 '어플리케이션'이라고 발음되는 것으로 지레 짐작들 하는가 보다. 하지만 이 단어의 올바른 발음은 분명 '애플리케이션'이다. 애플리케이션을 더 줄여서 바르게 말하는 것이 '앱app'이다. '어플리케이션'을 줄여서 '어플'이라고들 말하는 용어는 정작 영어권 국가에서는 쓰이지 않는 콩글리시 약어다.

상대방은 당신이 어플리케이션이라고 말하는지 애플리케이션이라고 말하는지 한 가지만 보고도 개념이 있는 사람인지 여부를 판단할 수 있다는 사실을 명심하라.

결재決裁 – 결제決濟

결재는 조직 내에서 부하가 제출한 안건을 검토하여 허가하거나 승인하는 과정을 의미한다.

결제는 매매 당사자 간에 대금을 주고받아 거래를 마무리하는 것을 뜻한다.

두 용어 중 어느 하나가 틀린 것은 아니지만 의미가 전혀 다르다. 그럼에도 불구하고 상당수 사람들이 이 두 단어의 차이를 구분하지 못하고 있으니 혼동하지 않도록 유의하라.

시간時間 - 시각時刻

시간이 무엇을 의미하는지 모르는 사람은 거의 없지만 시각이라는 단어와의 차이를 인식하고 제대로 쓰는 사람은 퍽 드문 편이다. 시간은 사이 간間자가 들어가 있는 것처럼 어떤 시점에서 어떤 시점까지의 사이를 가리킨다. 반면 시각은 시간의 어느 한 시점을 의미한다. 철도역에서 흔히 볼 수 있는 안내판 제목은 분명 '열차 출발 시각표'라고 쓰여 있지만 많은 사람들이 무심코 '열차 출발 시간표'라고 읽고 말하니 문제다. 이 안내판에는 대개 출발 시각, 도착 시각이 적혀 있으며, 소요 시간을 안내하기도 한다. 아래 초등학교에서 배우는 참고서에 시간과 시각의 차이를 잘 보여 주는 예문이 있으니 참고하기 바란다.

> 별님이는 샛별이와 3시에 만나기로 약속을 했어. 지금 시각은 1시 40분이니까 남은 시간은 얼마나 될까? 1시간 20분이 남았다고?

[출처 : 초등수학 개념사전, (주)북이십일 아울북]

Man/Woman - Men/Women

영어로 남자를 man 여자를 woman이라고 쓰며, 그 각각의 복수형은 men과 women이라는 정도는 모두들 알고 있다. 남자 화장실은 men's room이며, 여자 화장실은 women's room이라고 쓴다. 그러나 이 표현을 줄여 쓰는 경우에도 men과 women처럼 복수형으로 써야 한다. 단수형으로 man이나 woman으로 표기하면 이도저도 아닌 뜻이 되어버린다.

　내가 가끔 가는 백화점의 영화관 화장실 입구에는 아래 사진처럼 남녀 화장실을 의미하는 아이콘을 예쁘고 특색 있게 디자인해 붙여 놓았다. 그런데 아이콘 옆에 적은 영어 표현이 옥에 티. 볼 때마다 아쉬움을 감출 수 없다.

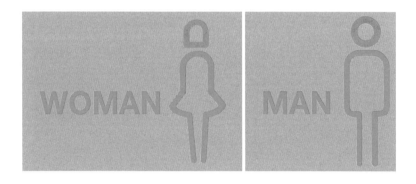

　바르게 적고 제대로 발음하는 것은 특히 많은 사람들이 보고 듣게 될 문안을 만들거나 말할 때 더욱 신경을 써야 한다. 잘못이 남아 있으면 두고두고 웃음거리가 되는 것은 물론, 부지불식간 후학後學을 포함 다른 사람들을 잘못 가르치는 악화惡貨로서 역할을 하게 되기 때문이다.

　그런 의미에서 임연당의 야설野雪이라는 한시를 함께 음미해 보자.

“눈길을 걸을 때 함부로 걷지 마라. 오늘 내 발자국이 마침내 뒷사람에겐 이정표가 되리니.”（穿雪野中去 不須胡亂行 今朝我行迹 遂作後人程）

29

문서 작성 : 적당한 글꼴, 글자 크기 정하기

상사들은 대개 40대 초반부터 찾아드는 노안으로 인해
작은 글자를 읽기 어려운 상황이라는 점을 감안해야...

요즘은 문서를 참 쉽고 빠르게, 그러면서도 아름답게 작성할 수 있게 되었다. 컴퓨터로 문서를 작성할 수 있는 프로그램인 워드프로세서가 나오기 전에는 기껏해야 타자기가 사무용 기기의 전부였던 시절도 있었는데 말이다.

워드프로세서가 그 시절의 타자기에 비해 우월한 기능이 있다면 무엇일까? 물론 셀 수 없이 많은 장점을 말할 수 있을 것이다. 그중에서 원하는 글꼴을 마음대로 선택할 수 있다는 점은 어떨까. 게다가 글자의 크기도 마음대로 늘였다 줄였다 할 수 있으니 금상첨화다. 오래전에 이 정도 품질을 내려면 인쇄소의 도움을 받지 않고는 어려웠지만 이제는 사무실에서도 고품질 출판을 할 수 있는 시대가 되었다. 이런 기술을 한때 데스

크톱 퍼블리싱desktop publishing이라고 부르며 놀라워했던 적도 있었는데, 요즘은 너무도 당연해서인지 이런 용어조차 잘 사용되지 않는다.

하지만 원하는 글꼴을 마음대로 골라 쓸 수 있다는 것이 장점인 동시에 미적美的 감각이 없는 사람의 입장에서는 대략 난감한 부분이기도 하다. 그저 한 가지 글꼴만 있다면 죽으나 사나 그걸 선택하면 되고, 남들보다 돋보이지는 않더라도 최소한 비교되는 일은 없을 터인데 말이다. 이는 색상에 있어 흔히 흑백이라 일컬어지는 모노크롬 시대에서 16색, 256색을 거쳐 이제 천 육백만 개 이상의 색상이 지원되는 컬러 시대가 도래되면서 가지게 되는 당혹감과도 비슷하다 하겠다.

일반 보고용 문서를 작성할 때 색상이나 모양에 관하여 심미안審美眼이 없는 사람의 입장에서 참고할 수 있는 가이드라인은 다음과 같다.

첫째, 보고용 문서에 사용되는 글자의 크기는 문서 제목 22 포인트, 본문은 15 포인트를 기본으로 하되, 필요에 따라 글자 크기에 변형을 주는 것이 좋다. 중간 참고 내용(보통 글꼴을 달리하여 표시)은 13 포인트 정도면 무난하다.

이는 보고를 받는 상사들이 대개 40대 초반부터 찾아드는 노안老眼으로 인해 작은 글자를 읽기 어려운 상황이라는 점을 감안한 것이다. 당신이 내미는 보고서를 번번이 돋보기를 찾아 써야만 읽을 수 있다면 상사의 기분은 어떨까? 역지사지易地思之의 지혜가 필요한 부분이다.

둘째, 보고용 문서에 사용되는 글꼴도 윈도Windows 기본 글꼴인 굴림체나 돋움체를 그냥 쓸 것이 아니라 미적 감각이 가미된 것을 선택하는 것이 좋다. 기왕이면 다홍치마라고 하지 않았던가?

하지만 글꼴도 지식재산권의 보호를 받기 때문에 무턱대고 아무 글꼴이나 썼다가는 나중에 큰 곤욕을 치를 수 있다. 정당한 대가를 지급하고 구입한 글꼴을 쓰거나 개인용은 물론 상용商用으로 써도 아무런 문제가 없는 공개 글꼴을 잘 선택해 쓰도록 하자. (추천할 만한 글꼴로는 네이버에서 제작하여 공개한 '나눔 명조'가 있다.)

또한, 다양한 글꼴이 있다 하여 하나의 문서에 이것저것 잔뜩 치장하는 것은 주위만 산만해질 뿐 당초 기대했던 목적과는 거리가 멀다. 문서란 모름지기 전달하려는 내용을 간단명료하게 표현하는 것이 우선되어야 하며, 다양한 글꼴의 선택은 어디까지나 이를 보조하기 위해 제한적으로 사용되는 것이 바람직하다. 특히 사무용 문서에는 너무 튀거나 디자인 요소가 많이 들어간 글꼴은 사용하지 않는 것이 좋다. 대개 고딕체와 명조체 계열에서 적당한 것을 골라 쓰는 것이 무난하다.

셋째, 제목의 경우에는 특별히 다른 글꼴을 쓰거나 같은 글꼴이라도 굵게 처리boldface하면 눈에 잘 띄므로 구분하기 쉽다. 중간 제목이라면 적당한 글머리표를 넣는 것도 좋겠다.

제발 아무 생각 없이 컴퓨터나 워드프로세서에 기본으로 설정되어 있는 글꼴에 내용만 주르륵 쳐 넣은 후 곧바로 프린트해서 상사에게 가져다 보이는 일은 없길 바란다. 당신의 손을 거쳐 나온 것들은 비록 그것이 한 장의 문서일 뿐이라도 만든 사람의 역량과 정성 그리고 열정이 어떠한가를 나타내는 잣대가 될 수 있기 때문이다.

30

측정 단위 바르게 적기

'5M/M'라 써 놓고 '5 밀리미터'라 우기지 말자.

회사에서 일을 하다 보면 가끔 측정 단위^{單位}를 문서에 기재하는 경우가 있다. 그런데 모두들 잘 안다 싶은 단위를 틀리게 쓰는 사례가 의외로 많다. 그것도 대단한 수준의 단위가 아니라 단지 초등학교에서 배우는 수준의 기초 단위를 말이다.

이를테면 길이를 나타내는 단위를 살펴보자. 이 단위는 'm'이라고 쓰고 미터_{meter}라 읽는다. 그러나 미터를 'M'이라 쓰는 사람이 꽤 있으니 문제다. 이 둘의 차이는 뭘까? 대문자이든 소문자이든 둘 모두 영문자 '엠'을 나타내니 아무렇게나 써도 괜찮은 것일까?

하지만 문제는 그리 간단하지 않다. 단위 하나를 표기하는 데도 정확하고 원활한 소통을 위한 법과 원칙이 미리 마련되어 있기 때문이다.

우리나라는 1999년에 제정한 국가표준기본법에서 국제단위계 즉, SI단위계를 법정 단위로 채택하고 있다. 또 국가표준기본법 시행령 8조 1항에서는 기본 단위를 다음과 같이 정의하고 있다.

> 1. '미터(m)'는 길이의 단위로서, 진공에서의 빛의 속력 c를 $\mathrm{m\,s^{-1}}$ 단위로 나타낼 때 299 792 458이 된다.
> 2. '킬로그램(kg)'은 질량의 단위로서, 플랑크 상수 h를 $\mathrm{J\,s}$ 단위로 나타낼 때 $6.626\,070\,15 \times 10^{-34}$이 된다. 여기서 $\mathrm{J\,s}$는 $\mathrm{kg\,m^2\,s^{-1}}$과 같은 단위이다.
>
> (······ 중략 ······)

갑자기 법조문을 들고 나오니 머리가 지끈거리는가? 그럼 복잡한 얘기는 걷어치우고 위 기본 단위 정의에서 주목해야 할 부분만 다시 적어 보자.

> 제8조의2(기본 단위의 기호) 법 제10조에 따른 기본 단위는 국제도량형총회에서 정한 바에 따라 다음 각 호와 같이 표시한다.
> 1. 길이의 측정 단위인 미터: m
> 2. 질량의 측정 단위인 킬로그램: kg
>
> (······ 중략 ······)

그렇다. 법조문은 물론 초등학교 교과서에도 미터의 기호는 'm'이라고 명확히 표기되어 있다.

문제는 'm'이나 'M'이나 그게 그거 아닐까 라며 지레 짐작해버린 당신의 안일한 마음 자세에서 출발한다. 혹 그간 잘못 알고 있었다면 아직 늦지 않았으니 오늘부터라도 고치자.

단위와 관련하여 한 가지 더 얘기해 둘 것이 있다. 모든 국제단위는 십진 배수 또는 분수의 명칭과 기호를 형성하기 위해 접두어를 사용한다.

💡 단, 킬로그램(kg)은 이 원칙에서 제외된다. 또한, 십진 배수는 10에 양의 정수를 제곱한 것(10^3, 10^6 등)을 말하며, 십진 분수는 10에 음의 정수를 제곱한 것(10^{-3}, 10^{-6} 등)을 말한다.

법에서 정하고 있는 국제단위계의 접두어는 아래 표와 같으며, 이는 곧 국제도량형총회CGPM에서 의결된 내용이기도 하다.

인자	접두어	기호	인자	접두어	기호
10^1	데카	da	10^{-1}	데시	d
10^2	헥토	h	10^{-2}	센티	c
10^3	킬로	k	10^{-3}	밀리	m
10^6	메가	M	10^{-6}	마이크로	μ
10^9	기가	G	10^{-9}	나노	n
10^{12}	테라	T	10^{-12}	피코	p
10^{15}	페타	P	10^{-15}	펨토	f
10^{18}	엑사	E	10^{-18}	아토	a
10^{21}	제타	Z	10^{-21}	젭토	z
10^{24}	요타	Y	10^{-24}	욕토	y

자, 표를 한번 살펴보자. 데카, 헥토 등 낯선 용어가 대부분이지만 색을 칠해 놓은 영역에 적혀 있는 몇 가지는 우리에게도 친숙하다.

킬로라는 말은 10의 세제곱 곧 1,000이니, 어떤 것의 일천 배를 의미한다. 그러므로 1 km는 1,000 m와 같다. 여기서 주의해야 할 것은, '킬로미터'는 반드시 'km'로 표기해야 한다는 점이다. 즉, KM나, Km, kM 등은 어느 것 하나 올바른 표기가 아니다.

그 아래에 나와 있는 메가와 기가를 보자. 이번에는 소문자 m이나 g가 아닌 대문자 M이나 G로 써야 옳다. 메가는 10^6이니 이를 환산하면 백만 배, 기가는 10^9 즉, 십억 배를 각각 의미한다.

하지만 길이에 대하여 킬로보다 더 큰 접두어를 쓰는 경우는 흔치 않다. 아마도 인류가 사는 지구의 둘레가 40,000 km 정도라서 킬로미터 단위로 충분히 나타낼 수 있기 때문인지도 모르겠다.

💡 사실, 메가나 기가라는 접두어는 컴퓨터 저장 용량을 나타내는 단위인 바이트byte와 함께 쓰이는 경우가 더 많다. 메가바이트MB, 기가바이트GB 등과 같이 말이다.

1 미터보다 더 작은 길이를 위해서는 표 우측에 표기된 대로 '센티'와 '밀리'라는 접두어가 있다. 1 cm나 1 mm 등과 같은 표현 역시 이미 우리 모두에게 익숙하다. 그러나 센티미터와 밀리미터 역시 'cm'와 'mm' 처럼 반드시 소문자로 표기해야 한다.

💡 여기서 센티라는 접두어의 크기는 10^2, 즉 0.01을 의미한다. 또, 밀리라는 접두어는 10^3, 즉 0.001을 의미한다. 그러므로 1 m와 100 cm, 그리고 1,000 mm는 결국 모두 같은 길이를 나타낸다.

길이뿐 아니다. 질량의 단위인 킬로그램도 1 kg보다 작은 양을 표기하려면 그램, 즉 'g'이나 밀리그램 'mg' 등의 단위를 쓰게 된다.

그렇다면 단위와 함께 사용하는 접두어는 왜 필요한 것일까?

물론 양量을 나타내는 숫자를 보다 간결하게 나타내기 위한 것이다. 이를테면 0.005 kg이나 5,000 mg은 모두 5 g과 같은 양이지만 앞에 붙어 있는 숫자의 간결성 측면에 있어서는 단연 5 g이 낫다.

대개 어떤 양을 한 단위와 수치로 나타낼 때, 수치가 0.1과 1,000 사이에 오도록 접두어를 선택하는 것이 좋다. 다만, 주어진 문맥에서 같은 종류의 양을 서로 비교하거나 논의할 때에는 0.1에서 1,000의 범위를 벗어나더라도 같은 단위를 사용하는 것이 바람직하다.

예를 들면, 건강을 지키기 위해 많이들 복용하는 비타민제의 경우 '비타민 C 1,000 mg 함유'와 같은 표현을 자주 보게 되는데, 1,000 mg을 간략하게 1 g이라고 표시하면 그만임에도 불구하고 그렇게 하지 않는 이유는 무엇일까.

이는 일반 대중들에게 직관적으로 어필될 수 있도록 다분히 마케팅을 고려한 측면도 없지 않겠다. 500 mg과 1 g 중 얼핏 보아 어느 쪽이 더 크거나 많아 보이는지 생각해 보면 알 일이다.

자, 얘기를 정리해 보자.

단위 기호와 접두어는 우리나라의 법과 세계 표준에 미리 정해져 있다. 그러니 우리는 그 표준에 정해진 그대로 표기하고 또 이해해야 한다. 특히 대소문자를 자기 임의로 바꾸어 표기하면 안 된다.

또한 어떤 양을 수치와 단위 기호로 나타낼 때 그 사이를 한 칸 띄어 적어야 한다는 것도 알아두자.

이제 5 MM나 5 M/M라고 써 놓고 5 밀리미터라 우기지 말자. 당신이 정말 5 밀리미터를 나타내고자 했다면 '5ᵛmm'로 표기해야 한다.

💡 5와 mm 사이는 띄어 쓰는 것이 원칙이나 붙여 쓰는 것도 허용된다.

참고로 우리나라가 채택하고 있는 기본 단위는 앞서 소개한 것 외에도 네 개가 더 있다. 국가표준기본법에 명시된 해당 부분을 살펴보면 아래와 같다.

제9조(측정 단위의 구분) 측정 단위는 국제단위계에 따라 기본 단위와 유도誘導단위로 구분한다.

제10조(기본 단위)

① 제9조에 따른 기본 단위는 다음 각 호와 같다.

1. 길이의 측정 단위인 미터

2. 질량의 측정 단위인 킬로그램

3. 시간의 측정 단위인 초

4. **전류의 측정 단위인 암페어**

5. **온도의 측정 단위인 켈빈**

6. **물질량의 측정 단위인 몰**

7. **광도의 측정 단위인 칸델라**

② 제1항에 따른 기본 단위를 정의하고 구현하는 방법은 대통령령으로 정한다.

[출처 : 국가표준기본법]

'일한다는 것은 곧, 소통琉通하는 것.'이라 했다. 소통의 기본은 애매하거나 모호하지 않도록 끊임없이 노력하는 것이다.

주위를 한번 둘러보라. 얼마나 많은 표지판에 측정 단위가 잘못 표기되어 있는가. 지하 주차장의 층고를 나타내는 안내 표지판에, 화장실이 얼마나 멀리 있는지를 알려 주는 안내문에, 상품의 규격을 나타내는 문서에. 도처에 잘못 표기된 문구가 버젓이 쓰여 있지 않은가 말이다.

많은 사람들에게 보여질 자료를 만드는 비주얼 디자이너들에게 특별히 당부하고 싶다.

아름다운 모습을 추구하는 것도 좋지만, 표준에 어긋나는 표기는 디자이너에게 부여된 표현의 자유를 넘어 원활한 소통을 해칠 수 있다는 점을 잊지 말자.

더 우려할 만한 것은 잘못 표기된 채 전시되고 있는 문구가 다른 사람들을 혼란스럽게 하거나 오해하게 만든다는 점이다. 공공 기관에서 만든 것이니, 대기업에서 한 것이니, 당연히 옳겠지 짐작한 많은 사람들이 같은 실수를 다른 일에서 반복하게 된다면 이는 국가적으로도 커다란 손실이 아닐 수 없다.

바야흐로 글로벌 시대다.

국내는 물론 세계와 소통해야 하는 시점이니 만큼 기본을 제대로 알고, 또 그것을 지켜 행하려는 자세가 절실히 요구된다.

31

작은 크기의 그림파일 쓰기

문서에 삽입될 사진은 640 × 480 정도의 해상도면 충분하다.

요즘은 디지털 카메라 기술이 크게 발달하다 보니 그리 큰돈을 들이지 않고도 고해상도 카메라를 살 수 있는 시대가 되었다.

2022년 기준으로 보면 스마트폰에 탑재되는 디지털카메조차 무려 1억 8백만 화소가 넘으며, 심지어 2억 화소의 디지털카메라가 장착된 스마트폰의 출시도 임박했다고 한다.

여기서 해상도解像度란 사진 한 장을 구성하는 데 필요한 화소畵素, 즉 한 장의 그림에 얼마나 많은 수의 점點들이 사용되었느냐 하는 것을 의미한다. 동일한 크기의 사진에서 더 많은 수의 점들이 사용되려면 점 하나하나의 크기가 작아야 한다. 더 작은 점들이 모여 그림을 이루게 되면 매우 정교한 그림이 되므로 크게 확대하더라도 깔끔한 결과물을 얻을 수 있다.

이렇듯 해상도는 사진을 인화하는 데 있어 분명 중요한 요소이다. 그러나 카메라를 최고 해상도로 설정한 채 촬영한다면 몇 컷 찍지도 못하고 메모리 용량이 꽉 차고 만다. 즉, 사진 한 장 한 장이 차지하는 파일 용량이 커지게 된다는 뜻이다.

카메라의 해상도와 화질을 조정하면 촬영할 수 있는 사진 매수가 크게 달라진다. 그렇다면 어느 정도 수준의 해상도로 사진을 찍는 것이 적당할까? 그것에 대한 정답은 없다. 문제는 사진의 용도를 생각하지 않은 채 고해상도 파일로 찍은 후 이를 그대로 업무에 활용하려는 무심한 태도이다.

회사에서 업무상 사용하는 문서에 삽입될 그림은 대개 640 × 480 정도의 해상도면 충분하다. 이 정도 해상도면 약 31만 화소, 즉 사진 한 장을 구성하는 데 31만 개의 점이 사용된다.

자, 계산을 해보도록 하자. 회사에서는 대개 A4 크기의 용지를 세로 방향으로 세워 쓰는 경우가 많다. A4 용지의 가로 폭은 210 mm이며, 왼쪽과

오른쪽 여백을 각각 25 mm씩 빼고 나면 본문 작성에 활용할 수 있는 공간은 160 mm 남짓이다. 이에 반해 640 × 480 해상도로 찍은 사진은 가로 크기가 225.8 mm 이니, A4 용지 가로 폭인 160 mm를 이미 넘어서게 된다.

따라서 이 사진은 아래 그림과 같이 71% 정도의 크기로 축소해야만 용지 바깥으로 그림이 넘치지 않게 이용할 수 있다.

여기서 더 주목해야 할 큰 문제는 각각의 사진이 차지하는 저장 용량 크기이다. 앞서 업무용으로 사용되는 사진의 해상도는 640 × 480이 적당하다고 하였다. 이런 정도 해상도의 사진이라면 제이펙(JPEG) 형식의 사진으로 보았을 때 대략 한 장에 100 KB 남짓이니 그리 큰 부담이 없다.

그러나 요즘 이메일에 첨부되어 돌아다니는 사진 파일의 크기를 보면 3 MB를 넘는 것이 보통이다.(이 정도면 해상도 4,208 × 3,120에 화소 수는 1,300만 화소 이상, 그림의 가로 폭이 무려 1.5 m가량이나 된다.)

100 KB 크기면 될 일에 그의 30배가 넘는 3 MB의 저장 공간을 낭비할 이유가 있을까? 찍은 사진을 전문 출력소에서 매우 크게 인쇄할 일이 있다면 또 모를까, 통상적인 사무 서류에 포함될 사진이라면 그럴 필요가 없다. 더욱이 육안으로 보았을 때 거의 차이를 느끼지 못하는 수준의 품질이라면 가급적 낮은 해상도로 설정하여 찍는 것이 좋다.

이렇게 하면 다음과 같은 이점을 누릴 수 있다.

첫째, 동일한 메모리 카드를 사용해 더 많은 사진을 찍을 수 있다. 이는 카메라에 저장된 사진을 컴퓨터로 자주 옮기지 않아도 됨을 의미한다.

둘째, 컴퓨터 하드디스크 용량을 절약할 수 있다. 사진 그 자체를 저장하는 데 들어가는 저장 공간뿐 아니라, 이 사진을 삽입하여 작성된 문서의 용량도 작아지는 개선 효과까지 두루 체감할 수 있다.

셋째, 이메일 등을 통해 사진 파일을 주고받을 때 더 빨리 보내고 또 더 빨리 내려받을 수 있다. 이는 당신뿐 아니라 당신이 보낸 사진을 활용하는 수많은 사람들의 시간과 돈은 물론 정신 건강까지 두루 이롭게 하는 일이다.

회사원들이여. 꼭 필요한 경우가 아니라면 업무용으로 사진을 찍을 때 카메라에 기본 설정된 해상도 그대로 찰칵찰칵 찍어대는 일이 없길 바란다. 우리 대부분의 일반인들은 강한 임팩트를 줄 수 있을 정도로 큰 사이즈의 상업 사진이나 전문 예술 사진을 찍는 것이 아니라 업무 효율을 높이는 것에 우선을 두어야 하니 말이다.

물론 업무용이라도 디테일을 표현해야 할 사진이 필요한 경우라면, 그때는 예외다.

32

큰 숫자 빨리 읽기

숫자를 읽을 때 맨 오른쪽 숫자에서 부터 일, 십, 백, 천, 만, 십만, 백만, 천만,
억, 십억... 이렇게 모든 자릿수를 세고난 후에야 비로소
어... 십이억,... 삼천,... 사백,... 어쩌고 하는 사람은 일단 낙제점수다.

회사에서는 학교에서 배우고 접하던 숫자에 비해 훨씬 큰 숫자를 다루게 된다. 또한 그 숫자들에는 어김없이 세 자리 건너 하나씩 쉼표, 즉 콤마가 찍혀 있는 것도 특징이다.

그렇다면 숫자에는 왜 콤마를 찍으며, 이를 어떻게 활용하는 것이 좋을까?

콤마는 큰 숫자를 쉽고 빠르게 읽도록 하기 위한 보조 수단이다. 그런데 당신이 만일 콤마를 어떻게 활용하는 것인지 그 방법을 모른다면 공연히 콤마를 찍는 수고만 더해졌을 뿐 아무런 실익이 없지 않겠는가.

먼저, 몇 번째 콤마냐에 따라 그 콤마 바로 왼쪽에 위치한 숫자의 크기 단위가 정해진다는 점을 알아 두자. 또 첫 번째 콤마, 두 번째 콤마 등의 표현을 쓸 때, 이것은 숫자의 앞부분 즉 왼쪽부터 따지는 것이 아니라, 숫

자의 오른쪽에서 왼쪽으로 가며 세어야 한다.

첫 번째 콤마의 바로 왼편에 있는 자릿수는 천의 자리. 그러므로 3,750은 삼천 칠백 오십이라고 읽는다.

두 번째 콤마의 바로 왼편에 있는 자릿수는 백만의 자리이다. 그러므로 34,567,890의 경우 일단 두 번째 콤마 왼쪽에 있는 숫자 4가 사백 만이라는 사실을 알 수 있고, 그보다 한 자리 더 왼쪽의 숫자 3은 천만의 자릿수가 되므로, 곧바로 삼천 사백 오십 육만 칠천 팔백 구십이라고 읽을 수 있게 되는 것이다.

1,234,567,890은 어떨까?

이 숫자는 십이억 삼천사백 오십육만 칠천팔백 구십이다.

어떤가. 당신이라면 이런 숫자를 아주 쉽게, 금방 읽을 수 있겠는가?

별것 아닌 듯이 보여도 이런 큰 숫자를 보자마자 금방 읽어낼 수 있는 사람과 그렇지 않은 사람의 차이는 제법 크게 느껴지게 마련이다.

이 숫자를 읽을 때 맨 오른쪽 숫자에서부터 일, 십, 백, 천, 만, 십만, 백만, 천만, 억, 십억... 이렇게 모든 자릿수를 세고 난 후에야 비로소 "어,... 십이억,... 삼천,... 사백,..." 어쩌고 하는 사람은 일단 낙제점수다.

사실 우리나라 사람들이 큰 숫자를 읽을 때 어려움을 겪는 데에는 감춰진 아픔이 있다. 그것은 우리나라를 비롯해 중국이나 일본 등 동양권에서는 숫자의 단위가 네 자리마다 커지는 반면, 영국이나 미국 등 영어권 국가에서는 세 자리마다 커지기 때문.

자, 먼저 우리나라의 경우를 살펴보자

일 1

십 10

백 100

천 1000

만 1,0000

억 1,0000,0000

조 1,0000,0000,0000

경 1,0000,0000,0000,0000

(이후 생략)

반면 미국의 경우를 보자

one	일	1
ten	십	10
hundred	백	100
thousand	천	1,000
million	백만	1,000,000
billion	십억	1,000,000,000
trillion	일조	1,000,000,000,000
quadrillion	천조	1,000,000,000,000,000

(이후 생략)

일부터 천까지 별도의 숫자 단위가 있다는 사실은 우리나라나 미국이나 같다. 그런데 그 다음 자릿수를 비교해 보자. 우리에겐 만이라는 숫자 단위가 있는데 미국에는 없다. 천에서 곧바로 백만으로 뛴다. 그 다음은 십억이다. 즉, 우리는 네 자리마다 자릿수가 커지는 데 반해 그들은 세 자리마다 자릿수가 커지는 숫자 체계를 가지고 있는 것이다.

만일 우리나라도 앞에 예를 들어 표기한 것처럼 네 자리마다 콤마를 찍는다면 훨씬 읽기 쉬울 터. 그러나 불행히도 세 자리마다 찍는 것이 마치 국제 표준처럼 되어 버렸다.

숫자의 자릿수를 구분지어 나타내는 방법에 대하여 좀 더 깊게 들어가 보면 국가별로 매우 다양함을 알 수 있다. 즉, 영국이나 미국 등 영어권 국가에서는 소수점 위치에 점을 찍고, 큰 숫자를 세 자리마다 구분해야 할 위치에 콤마를 찍는다. 그러나 프랑스 등 유럽 대륙에 있는 많은 국가에서는 세 자리마다 구분하는 구분자로서 점을 쓰고 소수점 위치에는 오히려 콤마를 찍는다. 두 문화권에서 점과 콤마를 정반대로 쓰고 있는 것이다.

이렇듯 나라마다 큰 숫자를 구분하는 표기 방법에 차이가 있다 보니 국제단위계, 즉 SI에서는 자릿수 구분자를 아예 쓰지 않거나 또는 세 자리마다 좁은 빈칸으로 표기하도록 권하고 있다.

즉, 1234567890 또는 1 234 567 890 처럼 표기하라는 얘기.

점과 콤마는 영어권 국가와 유럽 국가들이 대립하는 예민한 문제이기 때문에 차라리 아무 구분자도 사용하지 않도록 하는 것으로 원칙을 삼은 게 아닐까? 하지만 국제단위계에서도 숫자를 읽기 쉽게 구분 지을 때에는 반드시 세 자리마다 나누도록 했다는 점에 주목할 필요가 있다.

그러니 결국은 세 자리마다 찍힌 콤마를 이용해 큰 숫자를 빠르고 정확하게 읽는 요령을 익혀 두면 두고두고 유용하겠다.

맨 오른쪽 숫자로부터 일, 십, 백... 이렇게 세어가는 대신 맨 오른쪽 콤마로부터 천, 백, 십, 일... 이런 식으로 거꾸로 세어 나가라. 그런 다음에는 우리나라의 숫자 자릿수 체계인 천, 만, 억, 조를 붙인다. 여기서 첫 번째 콤마는 '천천'이 아니라 그냥 천의 자리로 읽는다. 그다음부터는 백만, 십억, 일조 식으로. 그보다 더 큰 숫자는 다시 천조, 백경, 십해, 일지,....

즉 콤마 자리에 해당하는 접두어는 항상 '천, 백, 일, 천, 백, 일,...' 식으로 순환해 나가면 되고, 그 뒤에 '(천), 만, 억, 조, 조, 경, 해, 지,...' 등을 붙이면 된다. 여기서 '조'가 두 번 나타나는 것은 세 자리 체계와 네 자리 체계를 맞추어 주기 위해 불가피하다. 하지만 이는 천조 이상의 큰 숫자를 다루는 사람이 아니라면 그리 문제가 되지 않는다. 보통 사람들에게는 조만 하더라도 엄청나게 큰 숫자가 아니던가?

콤마를 이용해 큰 숫자를 빠르게 읽는 요령을 익혔다면 이제는 달러나 유로 등 외화 금액을 우리나라 원화로 빠르게 환산하는 요령에 대해 알아보자. 이는 달러나 유로는 우리나라 화폐와의 교환 비율 즉 환율이 대략 1,000배 정도 차이난다는 점에 착안하여 고안된 방법이다.

달러나 유로로 표기된 숫자에 콤마를 한 자리씩 더해서 읽은 다음 원을 붙여라. 예를 들어, $3,200,000의 경우라면 삼백 이십만 달러이니 맨 오른쪽에 콤마가 하나 숨어 있다는 가정하에 삼십 이억 원이라 읽으라는 얘기.

물론 환율은 매 순간 변동이 있으니 이것이 정확한 값은 아니겠다. 하지만 최근의 대미 환율이 어느 정도 되는지에 대해 감각을 잃지 않고 있으면 다음과 같이 좀 더 정확히 계산하는 것도 가능하다.

만일, 1 달러에 1,100원인 시점이라면 얼른 삼십 이억이라고 마음속으로 읽은 다음 거기에 10% 정도를 더 보태어 '삼십 오억 이천만원 정도'라 암산해 내라는 것.

실제로 회사에서 일하다 보면 회의나 상사와의 대화 중 달러나 유로 등 외화로 표기된 금액이 우리나라 돈으로 얼마나 되는가에 대해 얼른 가늠해 얘기해야 하는 경우가 꽤 있다. 이 방법은 그런 때마다 꽤 요긴하게 쓰일 수 있다.

33

계산기로 빨리 셈하기

시간과 업무량을 무려 1/3 가량 줄일 수 있다.
33.9%의 생산성 향상이다. 놀랍지 않은가?

요즘은 거의 모든 일들이 컴퓨터에 의해 처리되다 보니 계산기를 쓰는 경우가 전보다는 많이 줄었다. 그러나 가끔은 여러 숫자들을 직접 더하거나 빼는 등, 계산이나 검산을 직접 해야 하는 경우가 아주 없지는 않다. 이때 남보다 더 빠르게 해내려면 어떻게 하는 것이 좋을까? 이제부터 얘기하려는 것은 아주 간단한 팁이지만 의외로 큰 효과가 있다.

먼저 다음 장에 있는 표를 함께 살펴보자. 어떤 사람이 특정 기간 동안 신용카드를 사용한 실적인데, 숫자 예시를 억지로 만들기보다는 실제로 발생할 수 있는 상황을 체감할 수 있도록 하기 위해 채용하였다.

여기서 우리가 관심을 가져야 할 대상은 결제 금액이다. 표의 결제 금액을 모두 더하면 얼마인지를 알아내는 간단한 과제가 주어졌다고 해보자. 당신이라면 어떻게 하겠는가?

신 용 카 드 사 용 일 시	결제 금액
11월 11일 19:55 양덕주유소	111,000
11월 11일 19:00 송월한우숯불갈비	129,000
11월 11일 11:58 주식회사포항온천	50,000
11월 11일 10:22 아리랑감자탕해장국	61,000
11월 11일 09:48 일산퇴계원고속도로	3,000
11월 11일 07:32 한국도로공사	2,400
11월 10일 20:10 (주)이랜드크루즈	48,000
11월 10일 19:37 백리향	72,500
11월 10일 11:58 돈까스클럽	19,000
11월 9일 11:23 메가박스	14,000
11월 7일 22:35 본스치킨	39,000
11월 7일 19:56 정부민원포털민원24	450
11월 7일 18:44 정부민원포털민원24	890
11월 7일 13:10 법원행정처	700
11월 6일 20:29 예쁜돼지	51,500
11월 4일 21:47 배스킨라빈스방학역점	7,200
11월 4일 06:47 이지스	105,600
11월 1일 14:27 굴토리	14,000
11월 1일 09:35 버스	2,100
10월 31일 21:37 마산아구찜	26,000
10월 31일 07:52 지하철	3,850
10월 29일 07:37 일산퇴계원고속도로	3,600

아마도 아무 생각 없이 계산기를 쓰는 사람은 이 계산을 위해 무려 101번의 숫자 키와 22번의 더하기 부호 그리고 1번의 '=' 부호를 눌렀으리라. 무려 124번 키를 누른 셈이다.

탁상용 계산기를 좀 더 잘 쓰는 사람이 '00' 키를 잘 활용한다면 키 누름 수를 19번 정도 더 줄일 수 있으니, 약 15% 정도의 생산성 향상을 이룰 수 있겠다.

그러나 조금만 더 신경을 쓰면 49번의 숫자 키와 10번의 소수점, 22번의 더하기 부호, 그리고 1번의 '=' 부호를 누름으로써 해결할 수 있다. 즉, 도합 82번 키를 누름으로써 시간과 업무량을 무려 1/3 가량 줄일 수 있다. 33.9%의 생산성 향상이다. 놀랍지 않은가?

그 방법은 다음과 같다. 모든 숫자를 마지막까지 입력하는 대신 천 단위까지만 취급하는 것이다. 즉 맨 첫 번째 숫자인 111,000의 경우 여섯 개의 숫자 키를 누르는 대신 천 단위 미만은 떼어 버리고 앞부분의 111만 입력한다. 다음번 숫자인 129,000 역시 129만 입력한다. 눈치 챘는가? 그렇다. 천 단위 이상의 숫자만 입력함으로써 키 누름의 개수를 현저히 줄이는 것이 요령.

그렇다면 여섯 번째 줄에 있는 2,400과 같은 숫자는 어떻게 처리하면 될까?

콤마를 소수점으로 생각하고 입력하면 된다. 즉, 2.4로 입력하는 것.

거기까지 입력했다면 중간 합산 결과는 356.4가 될 것이다. 그러나 언제든 계산 결과에 1,000을 곱하면 356,400과 같은 숫자가 표시되니 본래 원했던 답을 정확히 얻을 수 있다.

표 중간 부분에 있는 450이나 890 또는 700과 같은 숫자는 어떻게 처리하면 될까? 450은 0.45로 890은 0.89로 그리고 700은 0.7로 각각 입력하면 된다. 특히 대부분의 계산기는 0.45와 같은 소수를 입력할 때 정수 부분인 '0'을 생략한 채 소수점부터 입력하더라도 에러 없이 계산된다는 것을 참고로 알아두자 ('0.45'와 같이 네 번의 키를 누르는 대신 '.45'라고만 입력해도 된다는 뜻이다.)

이 팁의 핵심은 요즘과 같은 세상에 천 단위 미만의 유효 숫자를 자주 만나기 어렵다는 데 착안하여 천 단위 이상의 숫자만 처리하는 데 있다. 만약 자신의 업무 특성상 천 단위가 아니라 백만 또는 십억 단위가 주로 사용된다면 키 누름 절약 효과는 훨씬 크겠다.

직접 한번 해보라. 첨엔 익숙하지 않았던 사람도 두어 번 해보면 금방 익숙해진다. 이렇게 함으로써 당신은 남보다 1/3 가량 더 빠르게 업무를 처리할 수 있는 것은 물론, 매사를 스마트하게 처리하는 사람으로 주목받게 된다.

나 같은 경우는 실제로 위와 같은 요령에 몇 줄의 숫자를 암산함으로써 키 누름수를 더 줄인다.

예를 들어 3,000과 2,400을 입력할 때 두 숫자를 3과 2.4로 각각 입력하는 대신, 머릿속 계산을 통해 5.4로 한 번에 입력하는 것. 50,000과 61,000의 경우도 마찬가지인데, 50과 61을 입력하는 대신 111을 입력하면 된다. 이렇게 할 때마다 또다시 40%의 추가적인 생산성 향상을 이룰 수 있기 때문이다.

그렇다면 몇 줄을 암산으로 처리할 것인가? 그야 물론 각자의 머릿속 계산 능력에 알맞게 하면 될 것이니 마음 편하게 생각하라. 암산 없이도 33.9%의 생산성 향상은 이미 당신 것이 아니던가.

34

모든 일은 가급적
병렬로 처리하기

생산성을 높이려면 매사를 요소 작업으로 나누고
혹 동시에 진행할 수 있는 요소 작업이 있는지 고민하라.

컴퓨터에서 병렬 처리란 프로그램 명령어를 여러 프로세서에 분산시켜 동시에 수행함으로써 빠른 시간 내에 원하는 답을 구하는 작업을 일컫는다.

[출처 : 김동근의 팀즈*컴퓨터용어사전]

그러나 컴퓨터가 아닌 일상 업무 처리 중에도 이 같은 병렬 처리 개념을 도입할 수 있다.

TV에서 요리 프로그램을 본 일이 있는가? TV 프로그램은 시간적 제약이 있기 때문에 요리에 필요한 모든 식재료를 미리 손질해 준비하는 것이 보통이다. 그 결과 카메라가 돌아가면 몇 가지 설명과 더불어 준비된 재료를 그저 조립(?)하기만 해도 일사천리로 요리가 만들어진다.

하지만 실전에서는 어떤가. TV에서만큼은 아니지만 요리 솜씨가 있는 사람은 대체로 짧은 시간 내에 맛난 음식을 뚝딱 잘도 만들어낸다. 반면에 요리에 재주가 없는 사람은 시간은 시간대로 들이고도 맛이 별로다.

그렇다면 이 두 가지 결과의 차이는 어디서 오는 걸까? 맛에 관해 묻는 것은 아니니 오해하지 마시라. 나의 주된 관심사는 오히려 요리를 하는 데 들인 시간이다.

배가 출출하여 집에서 혼자 라면을 끓여 먹으려 한다고 가정하고, 이를 위해 필요한 준비 작업과 각각에 소요되는 시간을 생각해 보자.

① 라면을 찾아 봉지를 뜯는 일   10초

② 분말 수프와 플레이크 봉지를 뜯는 일   8초

③ 냉장고에서 달걀을 꺼낸 후 껍질을 깨서 그릇에 담고, 흰자와 노른자가 잘 섞이도록 젓는 일   1분

④ 대파를 찾아 물로 씻고 송송 썰어 놓는 일   1분

⑤ 냄비에 물을 세 컵 정도 넣고 팔팔 끓이는 일   5분

⑥ 뚜껑을 열고 라면과 수프를 끓는 물속에 넣는 일   5초

⑦ 라면이 익을 때까지 좀 더 끓이는 일   3.5분

⑧ 긴 젓가락을 이용해 면발을 들었다 놨다 하며 공기에 노출시켜 주는 일   1분

⑨ 썰어 놓은 대파를 끓는 라면에 넣는 일   2초

⑩ 달걀 액을 끓는 라면 위에 골고루 붓는 일   5초

라면 끓이는 데 누가 따로 도와주는 사람이 있는 것이 아니니, 컴퓨터

병렬 처리처럼 대파를 물로 씻는 동시에 계란을 깨고, 젓고 하는 일이 한꺼번에 진행될 수는 없겠다. 그렇다면 직렬 처리, 즉 순차처리를 해야 할 테니 총소요 시간은 각 세부 공정에 소요되는 시간을 모두 합해야 하며, 그 결과는 11분이다.

하지만 그저 위에 적은 순서대로 일을 진행했다가는 시간은 시간대로 더 걸리면서도 맛은 별로인 라면이 될 것에 틀림없다.

여기서 주 공정主工程 즉 critical path가 무엇인지를 살펴보자. 5분이 소요되는 ⑤번 작업과 3.5분이 소요되는 ⑦번 작업이다. 그 외의 작업들은 주 공정이 진행되는 동안 여유 시간에 배치해 병렬 처리하면 되는 부수附隨 작업들이다. 심지어 5초가 소요되는 ⑥번 작업까지를 주 공정이라고 간주하더라도 8분 35초 정도면 모든 작업을 끝낼 수 있다.

즉 아까 생각해 보았던 순차 처리에 비해 22%의 시간을 단축할 수 있는 것. 이것이 바로 병렬 처리의 힘이며 효과다.

아래 네트워크 다이어그램은 각 요소 작업의 순서와 소요 시간 그리고 병렬 처리가 가능한 부분을 도식화한 것이다.

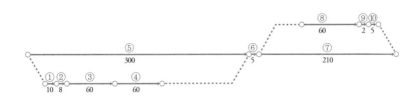

💡 실선으로 표시된 부분은 요소 작업이 진행되는 것을, 점선으로 표시된 부분은 대기 및 여유 기간을 나타낸다. 번호는 요소 작업 내용을, 그리고 아래에 적힌 숫자는 각 작업에 소요되는 시간을 초 단위로 표시하였다.

여기서 위, 아래로 겹쳐 진행되는 부분을 병렬 처리라 볼 수 있을 터. 이렇듯 프로세서가 단 한 개뿐인 사람의 경우도 주 공정이 진행되는 동안의 대기 시간을 잘 활용한다면 병렬 처리 효과를 볼 수 있는 것이다.

다른 한 가지 예를 더 생각해 보자. 무인수납기를 통해 세금을 납부하고, 그동안 미루어둔 통장 정리도 하려 한다. 또 은행 직원을 만나 대출 상담도 받아야 하는 세 가지 용무로 은행에 갔다고 했을 때 당신은 무엇부터 하는가?

아마도 제일 먼저 번호표를 뽑는 것이 현명할 것이다. 무인수납기와 ATM기는 여유가 있는 데 비해 은행원을 직접 대면해 업무 서비스를 받는 쪽은 항상 붐비기 때문이다. 따라서 번호표를 먼저 뽑고 난 후 내 순서가 올 때까지 기다리는 대기 시간에 무인기를 이용해 통장 정리와 세금 납부를 한다면, 라면 끓이기와 마찬가지로 모든 업무를 완료하는 데까지 드는 총소요 시간을 줄일 수 있을 것이다.

누구에게나 익숙하고 또 자주 벌어지는 상황 두 가지를 예로 들었지만 당신이 매일 처리해야 할 업무도 사정은 비슷하다. 생산성을 높이려면 매사를 요소 작업으로 나누고 혹 동시에 진행할 수 있는 요소 작업이 있는지 고민하라.

그런 후 가능한 모든 일들을 병렬로 진행하면 생산성은 절로 높아진다. 혼자 처리해야 할 업무도 대기 시간을 잘 활용하도록 공정을 짠다면 기대 이상의 생산성 향상을 이룰 수 있다.

35

남과 관련된 일을 먼저 챙기기

당신에게 최종 책임이 귀속된 일을 성공적으로 완수하려면,
무엇보다 외부 인터페이스가 먼저 시작될 수 있도록 조치한 뒤
꾸준히 진도를 챙기는 것만이 가장 안전하고 확실한 수순이다.

모든 일에는 순서가 있다. 바둑에서 바둑돌 하나하나를 놓는 순서를 수순手順이라고 하며, 수순은 최고급 기술 중 하나로 간주된다. 그것을 제대로 밟을 줄 모르면 잡을 대마를 놓치고 살릴 대마大馬를 죽이며, 이길 바둑에서 패할 수도 있다. 특히 묘수풀이에서는 수순이 결정적인 역할을 하게 되는 경우가 많다. 결국 같은 위치에 같은 개수의 바둑돌이 놓이더라도 바둑돌을 놓는 순서가 다르다면 그 결과도 달라진다는 것이 핵심.

회사에서 당신에게 부여된 업무도 바둑의 그것과 흡사하다. 업무는 혼자서 진행하는 것도 있지만 때로 다른 사람과의 협업을 통해 진행해야 하거나, 다른 사람의 결과물을 당신이 맡은 일의 입력入力 또는 출발점으로 삼아야 하는 경우도 종종 있다. 즉, 여러 협업 대상자의 결과물을 모은 후 통합해야 당신이 맡은 일을 최종 완료할 수 있는 속성을 가진 업무 말이다.

이때 관련 당사자 역시 자기가 속한 조직에서 폭주하는 일상 업무로 인해 당신과의 협업에만 집중하기 어려운 경우가 많다. 게다가 다른 사람에게 맡겨진 작업의 품질이나 공정 그리고 능동적인 협조 수준은 당신이 직접 컨트롤 할 수 없는 경우가 대부분이다. 이러한 상황에서 당신은 무엇을 어찌해야 할까?

해결 수순은 다른 사람들과 관련된 업무를 우선적으로 챙기는 일이다. 아래 이를 위한 몇 가지 팁을 적어 보았다.

- 당신의 일을 중심으로 다른 사람과 관련되는 부분에는 — 이런 것을 접점接點 또는 인터페이스interface라 부른다 — 과연 어떤 것들이 있는지 생각해 보라.

- 그 인터페이스 각각에 대하여 당신이 상대에게 무엇을 주고 무엇을 받아야 하는 것인지를 명확히 따져보라.

- 그리고 다른 사람들에 맡겨질 일의 진도를 챙겨라. 즉, 위탁된 업무의 공정을 파악하고 약속된 일정 내에 차질 없이 마쳐 주도록 지속적으로 요구하라.

- 만일 다른 사람에게 배당된 업무가 가장 오래 걸리는 주공정主工程, critical path으로 밝혀지면 더 많은 자원을 투입해 공기를 단축시킬 방법은 없는지 상대와 진지하게 협의하라.

- 외부 인터페이스에 소요되는 기간은 안전율을 고려해 그들이 약속한 기간보다 조금 더 넉넉히 잡고 관리하라. 현실 세계에서는 품질이나 기타 문제로 인해 당초 예정했던 납기를 넘기는 경우가 대부분이기 때문이다.

'목마른 사람이 우물판다.'고 했다. 당신 자신이 직접 처리해야 할 작업의 진도가 뒤처졌다면 이는 며칠 밤을 새워서라도 따라잡을 수 있다. 하지만 남들은 결코 당신을 위해 밤샘 작업 해주지 않는다는 것을 잊지 말라.

사회는 이미 혼자서 북 치고 장구 치던 원시 농경 사회로부터 업무를 잘게 분할하여 많은 조직과 인력이 나누어 진행하는 복잡다단한 형태로 진화했다.

그러므로 당신에게 최종 책임이 귀속된 일을 성공적으로 완수하려면, 무엇보다 외부 인터페이스가 먼저 시작될 수 있도록 조치한 뒤 꾸준히 진도를 챙기는 것만이 가장 안전하고 확실한 수순이다.

36

사무용 프로그램
용도에 맞게 쓰기

영화 '부시맨'에서는 코카콜라 병 하나에서 많은 쓰임새를 발견하지만,
대부분의 현대인들에게 콜라병은 콜라병일 뿐.

우리나라에서 컴퓨터를 이용해 문서를 작성하기 시작한 역사를 살펴보니 어림잡아 40여 년이 되어가는 듯하다. 그 이전에는 타자기라는 사무 기기가 자리를 차지하고 있었고, 그보다 더 전에는 일일이 손으로 쓰던 시대도 있었다.

이렇듯 사무실에서 문서를 작성할 때 사용하는 기기가 달라지면서 생긴 변화는 타자수打字手, typist라는 직업의 퇴조이다. 타자수란 타자기에 글자를 쳐서 입력하는 일을 직업으로 하는 사람을 일컫는 말이다. 타자기가 보급되던 당시에는 키보드 자판을 익혀 빠르게 칠 수 있는 사람의 수가 드물었기 때문에 타자수가 나름 오롯한 직업의 하나로서 존재할 수 있었다.

그러나 현재는 문서의 작성을 남에게 맡기지 않고 개인용 컴퓨터PC를

이용해 각자 직접 처리하는 경우가 대부분이다. 그러다 보니 신입 사원도 컴퓨터를 이용해 문서 작성하는 능력을 미리 익히고 입사하게 된다. 직원들의 컴퓨터 사용 능력을 배양시키기 위해 회사에서 별도의 교육을 해야만 했던 때보다는 바람직한 상황이 되었지만, 중요한 문제는 여전히 남아 있다.

사무용 컴퓨터 프로그램에는 여러 가지 종류가 있다. 그 중에서 대부분의 사람들에게 가장 보편적으로 필요한 프로그램을 살펴보면

- 워드프로세서word processor
- 스프레드시트spread sheet
- 프레젠테이션presentation

등 세 가지 프로그램이 기본을 이룬다.

워드프로세서는 일반 문서를 작성하는 프로그램이다. 우리에게 잘 알려진 제품으로는 한글과 컴퓨터의 '한글'과 마이크로소프트의 '워드'라는 프로그램이 있다.

스프레드시트는 표 계산과 그래프 작성을 편리하게 해주는 프로그램이다. 역시 우리에게 가장 잘 알려진 제품으로 마이크로소프트의 '엑셀'이라는 프로그램이 있다.

프레젠테이션은 정보를 시각화하고 발표 도구를 제공해 주는 프로그램이다. 역시 우리에게 가장 잘 알려진 제품으로 마이크로소프트의 '파워포인트'라는 프로그램이 있다.

각각의 프로그램이 별도로 존재한다는 것은 처리하려는 업무의 특성에 맞게 프로그램을 선택해 사용하라는 뜻일 터. 그러나 현업에서 자주 보게

되는 오류는 상황에 맞게 사무용 프로그램을 선택하기보다 스프레드시트, 그중에서도 엑셀Excel 만능주의로 흐르는 경우가 제법 관찰된다.

마땅히 워드프로세서 프로그램을 활용해야 할 상황에 스프레드시트를 쓰는 경우가 많더라는 얘기.

물론 이렇게 하더라도 원하는 정보를 화면에 표출하거나 종이에 인쇄하는 데 큰 어려움이 없기는 하다. 그러나 가만히 되짚어보면 양자 간에는 업무 품질 면에서 꽤 많은 차이가 있음을 알 수 있다.

워드프로세서는 문서의 작성과 출판 등에 최적화된 프로그램이다. 따라서 사용되는 글꼴의 다양성과 크기, 글자 간격과 줄 간격의 조정 등이 여타 프로그램에서 제공하는 그것에 비해 탁월하다. 심지어 일부 워드프로세서에는 변경된 문서 내용에 대한 추적 기능이 있어서 양 사가 계약서 초안을 메일로 주고받으며 내용을 조율할 때는 발군의 능력을 발휘한다.

한 두 페이지짜리 문서를 작성하기 위해서는 워드프로세서 대신에 스프레드시트 프로그램을 쓰더라도 별 차이를 느낄 수 없을지 모른다. 하지만 간단한 매뉴얼이나 책자를 편집하게 되는 경우만 하더라도 큰 차이가 난다.

상황이 이러함에도 표 계산용 프로그램인 스프레드시트를 만병통치약인 듯 각종 양식이나 보고서는 물론, 회사 간에 주고받을 공문을 작성하는 데까지 두루 쓰는 사람을 만나게 되면 아연 실색할 수밖에 없다.

예를 하나 들어 보자. 밥솥에서 그릇으로 밥을 옮겨 담을 때 사용하는 도구로서 주걱이 있다. 물론 주걱이 없다면 숟가락을 사용할 수도 있고 대량 급식 체계에서는 주걱 대신 삽을 사용하는 경우도 있을 수는 있겠다. 하지만 그것은 모두 주걱이라는 도구가 없을 경우에 한한다. 주걱이 있음에도 굳이 숟가락이나 삽으로 밥그릇에 밥을 퍼 담는 것은 비효율적일 뿐 아니라 결코 좋은 결과를 낳지 못한다.

여러 가지 상황에 맞는 다양한 도구가 준비되어 있는지의 여부는 국가나 사회 발전의 정도를 가늠하는 척도이기도 하다.

1980년도에 처음 출시된 영화 '부시맨' 원제 : The Gods Must Be Crazy 에서는 코카콜라 병 하나에서 많은 쓰임새를 발견하지만, 대부분의 현대인들에게 콜라병은 콜라병일 뿐. 선진국일수록 특정 상황에 꼭 맞는 도구가 개발되어 있고, 그 도구를 사용함으로써 더 높은 생산성과 품질을 달성하게 된다는 사실에 우리는 주목할 필요가 있다.

스프레드시트, 표 계산이나 그래프 작성 업무에만 사용하도록 주의하자. 당신은 부시맨이 아니지 않은가.

A4 용지의 비밀

종이의 크기는 모두 동일한 가로세로비,
곧 1 : $\sqrt{2}$의 비율을 가진다는 것이 특징이다.

회사에서 일하다 보면 늘 이런 저런 서류를 접하게 되는데 정작 매일 들여다보는 종이의 특성에 관해 제대로 알고 있는 사람은 퍽 드물다.

우선 종이의 크기다. 사무실에서 주로 사용하는 종이는 국제 표준에 정의되어 있다. ISO 216에 정의된 용지用紙의 종류는 A계열, B계열 그리고 C계열 등 세 가지이다. 이 종이의 크기는 모두 동일한 가로세로비, 곧 1 : $\sqrt{2}$의 비율을 가진다는 것이 특징이다. 또한 각 계열의 용지는 0~10까지 숫자를 붙여 크기를 나타내는데, 우리나라에서는 A계열과 B-JIS^{Japan} $^{Industrial Standard}$ 계열의 용지가 주로 쓰인다. A계열에서 가장 큰 종이는 A0이며 그 면적은 무려 1 m²에 달한다. 그 뒤를 A1, A2, A3 등의 종이들이 잇게 되는데, 사무용으로 가장 흔히 쓰이는 종이 크기는 A4 용지이다.

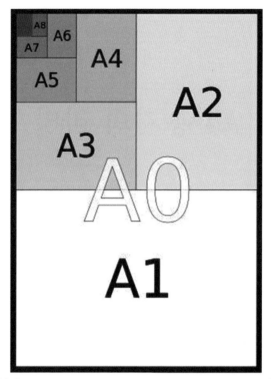

[출처 : http://commons.wikimedia.org/wiki/File:A_size_illustration.svg]

💡 대부분의 회사에서는 이런 용지의 크기를 '에이제로', '에이원', '에이투', '에이쓰리', '에이포' 등 영문은 물론 숫자까지 영어로 발음한다는 데 유의하라.

A0, A1, A2, A3 등 큰 종이는 도면이나 그림 등을 출력할 때 주로 사용된다.

ISO에서 규정한 종이 크기 체계의 가장 큰 장점은 계속해서 절반으로 자르거나 접어도 가로세로 비율이 여전히 $1 : \sqrt{2}$인 닮은꼴 종이가 생산된다는 점이다. 이런 특성은 실제 업무 중 여러 가지 이점을 제공한다.

예를 들어 A4 용지가 필요한 상황에 A3 용지밖에 없을 때 절반을 자르면 A4 용지가 만들어진다.

앞의 기본 지식을 바탕으로 종이의 크기를 계산해 보자. A4 용지의 짧은 쪽 길이가 210 mm라는 사실만 알면 A계열 크기의 어떠한 용지라도 가로세로 길이를 어렵지 않게 계산해 낼 수 있다.

210 × 1.414 = 296.94로서 소수점 이하에서 반올림하면 297 mm가 나온다. 즉 A4 용지는 가로 길이 210 mm, 세로 길이 297 mm의 크기가 되는 것이다. 그렇다면 A3 용지의 크기는 얼마일까? A3 용지는 A4 용지의 두 배 크기이므로 A4 용지의 세로를 A3용지의 가로로 취하면 된다.

💡 297 × 1.414 = 419.958 ≒ 420 mm이므로, 결국 A3 용지는 가로 297 mm, 세로 420 mm 크기가 됨을 알 수 있다.

종이 한 장의 무게는 1 평방미터당 그램 수로 표시하고 평량坪量이라고 부르며, g/m^2 또는 gsm grams per square meter으로 표기한다. 마침 A0 용지의 면적이 1 m^2이므로 종이의 무게를 통칭하는 숫자와 딱 맞아 떨어진다. 표준 A4 용지는 평방미터당 80 그램짜리, 즉 80 g/m^2 무게를 갖는 종이로 만들어진다. A4 용지는 A0용지의 1/16 크기이므로 80을 16으로 나누면 A4 한 장의 무게는 정확히 5 그램이다. 이런 기본 사항을 알고 있는 사람이라면 저울 없이도 A4 크기 용지로 인쇄된 200 페이지 책자의 무게가 대략 1 kg 정도 되겠다는 추산을 어렵지 않게 할 수 있다.

참고로 아래아 한글에서 지원하는 편집 용지의 크기를 살펴보자. 신국판, 크라운판 등 출판계에서 주로 사용하는 크기도 있지만 A계열의 크기

에서는 A3, A4, A5, A6 등이 그리고 B계열 크기에서는 B4, B5 크기가 지원됨을 알 수 있다.

여기서 주의해야 할 것은 우리나라에서 흔히 사용하는 B계열 용지 크기는 ISO 216 규격이 아닌 일본공업규격의 용지 규격을 따른다는 점이다. 원래는 B4라고 표기하는 대신 B4-JIS라고 표기해야 하지만, 우리나라에서 B4, B5 등으로 말할 때에는 B4-JIS와 B5-JIS 등 일본공업규격에 의한 B계열 용지를 가리킨다.

한편, 미국의 경우에는 A4 용지 대신에 가로 폭은 A4 보다 조금 더 넓고 세로는 조금 더 짧은 레터Letter 용지가 보편적으로 쓰고 있다는 점도 참고로 알아두자. 또한 가로 폭은 레터 용지와 같지만 세로 길이가 긴 리갈 Legal 용지도 있다. 미국에서 A4 용지를 구하기 어려운 상황에 리갈 용지를 사서 크기에 맞게 자르면 제법 요긴하게 쓸 수 있다. 리갈 용지의 크기는 215.9 mm × 355.6 mm이다.

05

커뮤니케이션

38

커뮤니케이션 제대로 하기

소통의 마지막 즈음에 청자는 자신이 이해한 것을 요약해 다시 말함으로써
화자의 요구에 대하여 재확인하는 과정을 반드시 거쳐야 한다.

사람이 자신의 뜻을 다른 사람들에게 올곧게 전달하는 게 얼마나 힘
든 것인가를 요즘 들어 더욱 절실히 느낀다. 제법 오래전에 회사
동료로서 함께 근무하던 임원 한 분이 있다. 호탕한 성격에 유머가 많았
던 그분이 즐겨하던 얘기 하나를 소개해 보자.

"질문이 모호模糊하면, 답변도 모호하다."

커뮤니케이션의 중요성을 이리도 잘 지적하고 있는 말이 또 있을까?
'모호하다'는 단어는 '말이나 태도가 흐리터분하여 분명하지 않다'는 것을
나타내는 형용사이다. 흐리터분하여 분명치 않은 가운데 진행된 의사소
통은 그 뜻이 제대로 전달되기 어렵다.

사람들 사이에 벌어지는 커뮤니케이션 에러error는 대개 다음과 같은 과정을 거쳐 발생한다.

첫째, 화자話者가 전달코자 하는 생각이 남에게 설명할 수 있을 정도로 완전하게 정리되지 않은 상태다.

둘째, 설령 생각이 잘 정리되었더라도 화자가 그 내용을 말이나 글로 정확하게 나타내기란 쉽지 않다.

셋째, 설령 잘 묘사했더라도 청자聽者의 이해력 정도에 따라 화자의 의도와 다르게 이해될 수 있다.

넷째, 설령 잘 이해했더라도 청자의 일솜씨가 완벽하지 않아 자기 머릿속에 그렸던 내용대로 구현하지 못한다.

다섯째, 청자가 가져온 성과물을 본 화자는 그제야 비로소 확실한 자신의 요구를 좀 더 선명하게 머릿속에 떠올린다.

실례를 들어보자.

① '갑'은 머릿속에 다섯 개의 꼭짓점을 갖는 별을 어렴풋이 떠올린 후 '을'에게 그 별에 관해 설명한다.

② 그러나 '갑'이 가진 묘사 능력의 한계로 인해 다섯 개의 꼭짓점을 갖는 별은 여섯 개의 꼭짓점을 갖는 다윗의 별이 되어버리고 만다. (조금 왜곡되었지만 아직까지는 별이라 할 수 있다.)

③ '을'은 '갑'이 오각 도형을 요구하는 것으로 오해한다. 그럼에도 '갑'에게 "당신 뜻을 잘 이해했다."는 의미의 대답과 몸짓을 보인다.

④ '을'은 자신의 머릿속에 오각형을 떠올린 채 혼신의 힘을 다해 성과

를 만들어 보지만 역량의 한계로 인해 결국 육각형을 만드는데 그치고 만다.

⑤ '을'이 가져온 육각형을 본 '갑'은 자신이 정말 원했던 것은 육각형 내에 다윗의 별이 들어간 형태였음을 그제야 깨닫는다. (그러나 자신이 원했던 것은 처음부터 그것이었다며 '을'에게 우긴다.)

위와 같은 코미디 상황은 이 세상에 없는 새로운 물건을 개발하고자 할 때 거의 예외 없이 벌어진다. 소프트웨어 개발 프로젝트가 그러하고 시스템 통합 프로젝트가 그러하다.

설계를 제대로 하고 역무 내역을 명확하게 적으면 된다고 하지만 그것은 단지 원론적인 얘기일 뿐이다. 대부분의 프로젝트는 책에 나와 있는 원칙대로 진행할 만큼의 시간과 예산이 할당되어 있지 않다.

프로젝트 관리에서는 변경 관리change management가 매우 중요하다. 하지만 우리나라 현실에서는 설령 '갑'이 당초 요구 사항을 임의로 바꾸거나 생각이 갑자기 달라졌다 할지라도 그에 따른 일정 변경이나 예산 추가를 허용하는 경우가 매우 드물다.

이와 관련하여 미국의 경우는 어떤지 Standish Group의 Big Bang Boom 연구 보고서의 내용을 살펴보자.

[출처 : The Standish Group의 2014년 Big Bang Boom Research Paper]

'대형 프로젝트는 왜 실패하는가'라는 부제의 이 보고서를 보면 미국 역시 엄청난 숫자의 프로젝트 실패가 보고되고 있음을 알 수 있다. 프로젝트 실패의 유형은 일정의 지연, 예산 초과 그리고 당초 제시했던 기능이 제대로 구현되지 않아 불만스럽다는 등이 이유로 지적되고 있다.

한편 이 연구에서는 성공적인 프로젝트 수행을 위한 열 가지 법칙에 대해 얘기하고 있는데, 그중 '사용자 참여'가 100점 만점에 19점으로 최우선 순위에 올라 있다. 이어서 요구 조건의 명확한 기술이 15점으로 3위, 적절한 계획 수립이 11점으로 4위, 그리고 현실적이고 합리적인 기대가 10점으로서 5위에 올라 있고, 참여 인원이 열심히 일하는 것은 불과 3점으로 10위를 기록하고 있다.

100점 만점에 무려 55점 이상이, 그리고 10가지 지표 중 5위권 안에 들어 있는 네 가지 지표가 화자와 청자 간 확립되어야 할 커뮤니케이션과 관련이 있다. 이는 곧 커뮤니케이션이 프로젝트의 성패를 좌우한다는 것을 의미한다.

그렇다면 커뮤니케이션 에러를 최소화할 수 있는 방법은 무엇인지에 대해 생각해 보자.

SUCCESS CRITERIA POINTS

1. **User Involvement** - 19

2. Executive Management Support - 16

3. **Clear Statement of Requirements** - 15

4. **Proper Planning** - 11

5. **Realistic Expectations** - 10

6. Smaller Project Milestones - 9

7. Competent Staff - 8

8. Ownership - 6

9. Clear Vision & Objectives - 3

10. Hard-Working, Focused Staff - 3

TOTAL 100

[출처 : The Standish Group의 2014년 Big Bang Boom Research Paper]

앞서 첫 번째와 다섯 번째에 제시한 상황은 대개 화자의 경험이 부족한 경우 주로 발생한다. 이런 경우에는 청자가 화자의 요구를 들은 후 요구 사항을 좀 더 구체화해 몇 가지 대안을 제시하는 것이 좋은 해결책이 될 수 있다.

만일 컴퓨터에서 문서를 편집하듯 화자의 머릿속을 '복사'copy해 청자 머릿속에 '붙이기'paste할 수 있다면 어떨까? 그렇게 할 수만 있다면 세 번째 지적한 문제는 완벽하게 해결할 수 있을 것이다.

군대에서는 복명복창復命復唱이라고 하는 방법으로 커뮤니케이션 에러를 줄인다. 즉, 상급자가 내린 명령이나 지시를 되풀이하여 말하게 함으로써 정확하게 전달되었는지를 재확인하는 방법이다. 그러나 이 역시 모호한 표현에 대한 문제나 이해력 부족으로 인한 문제에 대한 해법은 되지 못한다.

다소 불명확하다 생각되면 피차 서슴지 말고 묻고 재확인하자. 소통의 마지막 즈음에 청자는 자신이 이해한 것을 요약해 화자에게 다시 말함으로써 화자의 요구에 대하여 재확인하는 과정을 반드시 거쳐야 한다.

보다 명확하게 소통하려는 생각을 가지고 부단히 노력하는 것 외에는 달리 왕도가 없다. 다음은 더 나은 소통을 위한 몇 가지 권장 사항이다.

- 정확하게 말하자. 말의 내용에 착오가 없어야 하므로 자주 사용하는 용어는 평소 그 뜻을 명확히 알고 있는 것이 중요하다. 필요하다면 사전을 찾아 정확한 뜻을 익혀 두라.
- 말로만 얘기하려 하지 말고 그림을 그려가며 설명하는 등 가능한 모든 도구를 동원하라.
- 뜻을 더 분명히 하기 위해 좀 더 쉽고 다양한 예를 들어가며 여러 가지 다른 방법으로 설명해 보라.
- 청자의 수준에 따라 말할 내용과 전달 방법을 달리하자. 즉, 청자의 연령, 성별, 교육 수준, 지역적 특성 및 관심사 등을 두루 고려하라.
- 소통 능력 배양을 위해 평소 책을 많이 읽고 다른 사람들과 대화도 많이 나누도록 하라.

자신의 생각을 상대방과 다차원으로 소통하려는 노력을 경주하면 커뮤니케이션 에러로 인한 시간과 비용을 크게 줄일 수 있다.

39

약어의 뜻 제대로 알고 쓰기

약어도 유행을 탄다. 오래전에는 제법 자주 사용되다가 점차
사라지고 있는 것도 있고 최근 새로 생긴 것도 있다.

회사에서 쓰는 용어는 특별하다. 회사에 처음 입사한 신입 사원은 상사나 선배들의 말이나 글 속에 이전에는 미처 접하지 못했던 독특한 용어가 섞여 있음을 느끼게 된다. 중간 중간 영어를 비롯한 외국어를 섞어 쓰는 것은 물론, 사전에서는 쉽게 찾아내기 어려운 약어들까지 나타나면 그야말로 당혹스럽다. 알고 나면 별것 아니지만, 그것의 의미가 무엇인지 알아내기까지는 불안하고 불편하며 자칫 잘못하면 말귀도 못 알아듣는 멍청한 신입 사원으로 전락할 수도 있겠다는 불안감이 엄습한다.

커뮤니케이션의 기본은 '말귀 알아듣기'이다. 이번에는 주로 하나 또는 그 이상의 단어를 몇 글자로 줄여 사용하는 약어略語에 대해 소개하려 한다. 물론 당신이 회사에서 사용하게 될 약어를 모두 여기에 소개한 것은

아니다. 실제로는 각자의 업무 분야와 회사가 소속되어 있는 업종에 따라 엄청나게 많은 양의 약어가 존재하므로, 구체적인 것들은 업무를 진행해 가면서 각자가 익혀야 할 것이다.

아래 정리해 놓은 업무용 약어 101선選은 분야나 업종에 큰 관계없이 공통적으로 사용될 수 있는 것들을 위주로 택하였다. 개인 이메일이나 채팅 등에서 많이 사용하는 캐주얼 약어는 오히려 소통 혼란을 야기하거나 비즈니스 측면에서는 가볍게 보일 수도 있겠기에 가급적 배제하였다.

약어도 유행을 탄다. 오래전에는 자주 사용되었지만 지금은 점차 사라지고 있는 것도 있고 또 최근에 새로 생긴 것들도 있다.

약어	원래의 단어	의 미	발음
@	at	단가單價	[앳]
AC	alternation current	교류	
ad.	advertisement	광고	[애드]
AS	after-sales service	애프터서비스	
ASAP	as soon as possible	가능한 빨리	
B2B	business to business	기업 대 기업 간 거래	[비투비]
B2C	business to consumer	기업 대 소비자 간 거래	[비투씨]
BCC	blind carbon copy	숨은 참조	
BEP	break even point	손익분기점	
biz	business	비즈니스	[비즈]
BL	bill of landing	선하증권	
BMT	bench marking test	검증시험	
BPR	business process reengineering	업무 재설계	
BS	balance sheet	대차대조표	
BTW	by the way	(접속사) 그런데	

CAD	computer aided design	컴퓨터를 이용한 설계	[캐드]
CC	carbon copy	참조	
CEO	chief executive officer	최고경영자	
CF	cash flow	현금 흐름표	
CG	computer graphics	컴퓨터 그래픽	
CI	corporate identity	기업 이미지 통합	
CIF	cost, insurance and freight	운임, 보험료 포함가격	
Co.	company	회사	
COB	close of business	업무 종료 (시각)	
CS	customer satisfaction	고객만족	
CS	customer service	고객서비스	
CV	curriculum vitae	이력서	
CxO	chief X officer	CEO, CFO 등 각 분야 최고경영자들을 모두 한 번에 일컫는 용어	
DB	database	데이터베이스	
DC	direct current	직류	
DC	discount	할인	
demo	demonstration	시연試演	[데모]
DIY	do it yourself	(남의 힘을 빌리지 않고) 스스로 행하는 것	
DM	direct mail	우편 직접발송	
EA	each	(단가를 매길 때) 개個	
e.g.	exempli gratia(라틴어)	예를 들면	
enc.	enclosed	동봉된	
ERP	enterprise resources planning	전사적 자원 관리 (시스템)	
etc.	etcetera(라틴어)	기타 등등	[엣세트라]
FA	factory automation	공장 자동화	
FAQ	frequently asked questions	자주 묻는 질문 모음	
FAX	facsimile	팩시밀리	[팩스]

FIFO	first in first out	선입선출先入先出	[피포]
FOB	free on board	본선 인도조건	
FM	field manual	(軍) 야전 교범	
fwd.	forward	전달	[포워드]
FYI	for your information	참고로	
ICT	information and communication technology	정보통신 기술	
ID	identification	신분증명서, 로그인 아이디	
Inc.	incorporated	주식회사	[잉크]
I/O	input/output	입력과 출력	
IP	intellectual property	지식재산권	
IP	internet protocol	인터넷 프로토콜	
IPO	initial public offering	기업공개	
IR	investor relation	투자자를 위한 홍보	
ISO	international organization for standardization	국제 표준화 기구	
IT	information technology	정보기술	
LC	letter of credit	신용장	
Ltd.	limited	(회사명 뒤에 붙어) 유한 책임의	
MOU	memorandum of understanding	양해 각서	
msg.	message	메시지	[메시지]
N/A	not applicable	해당사항 없음	
NB	nota bene(라틴어)	주의하라	
nego	negotiation	협상	[네고]
OA	office automation	사무자동화	
OJT	on-the-job training	직무 교육	
OEM	original equipment manufacturing	주문자 상표에 의한 제품 생산	
OS	operating system	컴퓨터 운영체계	
OT	overtime	시간외 근무	

PC	personal computer	개인용 컴퓨터	
PE	professional engineer	기술사	
PF	project financing	사업자금 모집	
Ph.D.	doctor of philosophy	박사 (학위)	
PL	profit and loss	손익계산서	
PLS	please	~해 주세요	[플리이즈]
PM	project manager	사업책임자	
PO*	present members in organization	(조직 내) 현재 인원 수	
PO	purchase order	구매요구서	
POC	point of contact	연락처 (해당 업무 담당자)	
POS	point-of-sale	판매시점 (관리)	[포스]
PR	public relations	홍보	
PS	postscript	추신	
PT*	presentation	발표	
QA	quality assurance	품질 보증을 담당하는 부서	
Q&A	questions and answers	질의응답	
qty.	quantity	수량	
R&D	research and development	연구개발	
R&R	role and responsibility	역할과 책임	
RFP	request for proposal	제안요청서	
ROI	return on investment	투자 수익률	
RSVP	repondez s'il vous plait (프랑스어)	회답 바람	
		(흔히 초대장 등에 많이 쓰이는 표현)	
SI	system integration	시스템 통합	
SOP	standard operating procedures	표준 운영절차	
spec.	specification	설명서, 규격	[스펙]
TBD	to be determined	미정未定	
TF(T)	task force (team)	(특정 임무) 전담팀	
TO	table of organization	(조직의) 정원定員표	

TT	telegraphic transfer	전신 송금	
VAT	value added tax	부가 가치세	
w/	with	~와 함께	[위드]
w/o	without	~없이	[위드아웃]

위 약어를 이용하는 데 있어 몇 가지 주의 사항이 있다.

먼저 발음이다. 발음은 대개 문자 하나하나를 낱개로 발음하면 된다. 예를 들어 MOU는 "엠오유", PM은 "피엠" 등과 같이 발음하는 식이다. 다만 이 원칙에는 몇 가지 예외가 있다.

우선 약어를 대문자가 아닌 소문자로 표기한 것들은 낱자 하나하나를 발음하지 않고 원어 또는 약어를 그대로 발음한다. 예를 들어 ad.는 "애드"라고 발음하지 "에이디"라고는 발음하지 않으며, spec.은 "스펙"이라고 발음하지 "에스피이씨"라고 발음하지 않는다는 점에 유의하라.

또한 대문자로 표기된 것 중에서도 낱자로 발음하지 않고 약어 그 자체를 하나의 단어인 것처럼 발음하는 경우가 있으니 대표적인 것이 CAD 다. 컴퓨터를 이용한 설계를 의미하는 CAD는 "캐드"라 발음할 뿐 "씨에 이디"라고 발음하는 경우는 거의 없다.

약어의 일반적 발음 원칙을 따르지 않는 것들에 대해서는 현업에서 흔히 쓰이는 발음을 오른쪽에 따로 적어 놓았으니 참고하기 바란다.

한편, 인사 관리 쪽에서 정원의 상대 개념인 현재 인원수의 의미로 PO 라는 약어를 쓰는데, 이는 근거가 없는 콩글리시에 해당하니 주의하라. 프레젠테이션을 PT 즉 "피티"라고 부르는 것 역시 우리나라에서만 쓰이는 약어이다.

마지막으로, 같은 약어이지만 다른 뜻을 갖는 약어가 무수히 많다는 점에 유의하라. 즉 당신 회사에서는 위에 제시한 의미와 전혀 다른 뜻으로 사용되는 약어가 있을 수 있다. 심지어 다른 회사나 업종에서는 사용되지 않지만 당신이 속한 회사나 업종에서만 사용되는 약어도 적지 않다. 그러므로 이외에 다양한 약어에 관하여 원래의 단어가 무엇인지를 알고자 할 때는 http://www.acronymfinder.com 사이트를 참고하라. 그래도 뜻이 풀리지 않는 경우에는 선배 직원이나 상사에게 반드시 물어 본래 의미를 확실히 익혀 두길 바란다.

선배 직원이나 상사 스스로는 자주 사용하면서 정작 물으면 내용을 제대로 모르고 있는 경우도 드물지만 있을 수 있다. 만약 그럴 때에는 출처를 끝까지 추적해 확실히 정리해 두고 넘어가는 자세가 중요하다. 그런 당신으로 인해 조직은 조금 더 나은 역량을 갖게 된다. 그리고 무엇이든 그저 두루뭉술하게 알고 일하는 주위 동료들에게 작으나마 경종警鐘을 울릴 수 있다.

논어의 첫 구절이 '배운다.'는 뜻글자인 '학學'으로 시작한다는 사실을 아는가?

學而時習之 不亦說乎. '배우고 때로 익히면 기쁘지 아니한가.'라는 뜻이다. 무릇 작은 내용이라도 이전에 몰랐던 것을 새로 하나 알게 되었을 때 기뻐하는 자세를 유지한다면 당신의 기본 역량은 틀림없이 풍성해질 것이다.

40

이메일 제대로 쓰기

자신이 받는 사람으로 지정되었으면
그 메일에 대하여 응답해야 할 의무가 있다.

요즘 세상에 이메일e-mail 주소 하나쯤 가지지 않은 사람이 있을까? 더욱이 신입 사원들은 이미 컴퓨터와 인터넷 사용 경험이 풍부한 세대이므로, 종이에 손으로 편지를 써 우표를 붙인 후 우체통에 넣고 며칠씩 답장을 기다리는 젊은이들을 이제는 찾아보기 어렵다.

신입 사원들이 회사에 들어오기 전에 이미 익숙해져 있는 것 중 하나가 이메일을 보내고 받는 일이다. 하지만 아이러니하게도 이메일 사용 방법에 관해 제대로 알고 있는 사람은 퍽 드문 편이다.

받는사람, 참조, 숨은참조 구분하기

이메일을 받을 사람의 주소를 받는사람To: 란에 적든, 참조CC: 란에 적든 혹은 숨은참조BCC: 에 적든 관계없이 모두 메일을 받게 된다는 점에 대해서는 모두들 잘 알고 있다. 그럼에도 불구하고 받는사람, 참조, 숨은참조 등으로 이메일 주소 적는 난을 나누어 놓은 까닭은 무엇이며, 그 각각은 무슨 차이가 있는 걸까?

친구들 사이에 1 : 1로 메일을 주고받을 때에는 받는사람 외에 참조와 숨은참조를 쓸 일이 거의 없었겠다. 하지만 업무상 메일로 주고받을 때에는 세 가지 수신 선택에 대하여 차이를 명확히 이해한 후 활용해야 한다.

업무상 누군가에게 메일을 보내면 상대방이 그 메일에 대하여 회신함으로써 의사소통이 이루어진다. 따라서 메일을 보내는 사람은 해당 업무의 직접 담당자를 '받는사람'으로 지정하여야 한다. 그 밖에 이 사안에 대하여 알고 있으면 업무상 도움이 될 만한 사람들은 참조란에 기재하면 된다.

한편, 숨은참조의 경우는 다소 미묘하다. 받는사람이 A, 참조자가 B라고 할 때, 숨은참조로 C를 지정하면, 메일은 A, B, C 모두에게 전달된다. A와 B 두 사람은 모두 서로에게 메일이 전달되었다는 것을 알 수 있다. 하지만 C에게도 메일이 전달되었다는 사실을 A, B의 입장에선 알 길이 없다. 물론 C는 자신을 포함하여 A, B에게 메일이 전달되었고, 자신에게는 숨은참조로 전달되었다는 사실까지 모든 정황을 알 수 있다. 이러한 숨은참조를 우리말에서 어떻게 표현하면 가장 적당할까? '넌지시 일러주다' 정도면 어떨는지. '넌지시'라는 단어의 뜻은 '드러나지 않게 가만히'라는 의미이니 말이다.

메일을 받은 사람의 입장에서는 자신이 받는사람으로 지정되었으면 그 메일에 대하여 응답해야 할 의무가 있다. 설령 메일을 보낸 사람의 착오로 인해 당신이 받는사람으로 잘못 지정되었더라도 그냥 무시하기보다, '이 업무의 담당자는 제가 아닙니다.'라는 요지의 회신을 하는 것이 옳다. 이때 담당자가 누구인지 안내하면서 그 담당자를 참조란에 새로 추가해 주면 더욱 바람직하고 조직적인 의사소통이 될 것이다.

그럼, 메일을 통한 의사소통에 있어 참조자로 지정된 사람의 의무는 무엇일까? 참조자는 받은 메일 내용을 숙지하고 있으면 기본적인 의무를 다하는 것이다. 하지만 참조자 역시 메일 내용에 의문이 있거나, 코멘트가 있을 때, 혹은 새로운 사실을 알릴 필요가 있을 때에는 메일 대화에 적극 참여할 수 있다.

메일주소 짓기

입사하면 대개 회사로부터 업무용 이메일주소를 받게 된다. 이때 개인이 자유로이 정할 수 있도록 허용하더라도 아이디ID를 당신 이름의 이니셜을 이용해 정하는 것이 좋다. 가끔은 비즈니스 메일 아이디를 개인 메일의 그것처럼 이상스럽게 정하는 사람을 보게 되는데 이는 결코 바람직하지 않다. 비록 간단한 메일 아이디지만 당신이 비즈니스를 대하는 데 있어 진정성과 신중함이 없는 가벼운 사람이라는 인상을 상대에게 줄 수도 있기 때문이다.

기억하라. 당신이 무심코 지은 메일주소가 명함에 기록되어 많은 사람들에게 뿌려지게 된다는 사실을.

메일 쓰기

당신이 어떤 사안에 대하여 메일 커뮤니케이션을 처음 시작하는 사람이라면 메일 제목을 짓는 데에도 신경을 써야 한다. 짧고 간결하면서도 해당 사안의 내용을 함축적으로 담을 수 있도록 말이다. 때로, 자신의 이름을 넣어서 '홍길동입니다.'는 식의 메일 제목을 써서 보내는 사람이 있는데, 이는 절대 피해야 할 일이다. 회사에서는 메일을 통한 업무 처리 역시 오랜 시일이 지난 후 참조하기 위해 다시 검색해야 할 상황이 생기는데, 이때 제목을 적절히 붙여 놓았던 메일은 빠르고 정확한 검색에 큰 도움을 준다.

메일 본문의 첫 줄은 수신자의 이름 및 직책(또는 직급)을 부르는 것으로 시작하는 것이 바람직하다. 그렇게 하면 소통 당사자가 누구인지 빨리 파악할 수 있고, 참조자에게도 혼동을 주지 않아 편리하고 명확해진다.

예시) 김 과장님,

박 대리,

홍길동 씨,

답장, 전체답장, 전달 구분하기

자신이 받은 메일에 답을 할 때 선택할 수 있는 방법이 세 가지 있다. 먼저 답장reply을 보자. 답장을 선택하면 보낸사람에게만 메일이 전달된다.

반면에 전체답장reply all을 선택하면 보낸사람은 물론 참조와 숨은참조로 지정된 사람에게까지 당신의 답장 메일이 일거에 전달된다. 그러므로 특별히 보낸사람에게만 내용을 전달해야 할 은밀한 사안이 아니라면 전체답장을 하는 것이 효율적인 의사소통에 도움이 된다.

이때 답장이든 전체답장이든 상대방이 첨부해 보내온 파일은 회신 시 전달되지 않는다. 만약 다른 사람에게 첨부파일을 포함하여 받은 메일을 온전히 보내고 싶을 때에는 전달forward 기능을 써야 한다.

답장 제때 쓰기

이메일을 통한 업무 연락이 보편화되었음에도 불구하고 메일에 꼬박꼬박 답장하는 사람은 많지 않다. 그러나 나는 당신에게 업무상 메일에는 반드시 답장할 것을 강권한다. 비록 '잘 받았습니다. 감사합니다.'라는 정도의 짧은 답장이라도 보내는 것과 보내지 않는 것 사이엔 천지 차이다.

이메일 에티켓 차원을 넘어서, 서로 다른 대륙에서 서로 다른 시간대에 일을 하게 되는 글로벌 기업에서는 '최장 8시간 내 메일 답장'은 생존 전략에 다름 아니다. 상사나 동료의 메일을 며칠째 답장 없이 방치한다는 것은 '나 일 안하고 어디론가 놀러갔다.'고 회사 내에 광고하는 것이나 다름없다고 보아도 좋다.

업무상 메일을 부지런히 읽고 때맞추어 답장하는 것이 글로벌 기업은 물론 우리나라에서도 점점 더 중요해지고 있다는 사실을 명심하라.

그룹 메일주소 사용하기

대부분의 회사에서는 전체 임직원 또는 각 부서별로 받아볼 수 있는 그룹 메일주소를 쓰고 있다. 그룹 메일주소는 조직에 속한 많은 사람들에게 메일을 보내고자 할 때 모든 사람의 주소를 일일이 적지 않아도 되므로 편리하다. 하지만 그렇기 때문에 더욱 주의해 써야 한다.

구태여 모든 임직원이 알 필요가 없는 메일을 걸핏하면 전체 메일로 보내는 직원이 있다고 가정해 보자. 다른 사람들의 소중한 시간을 뺏는 것은 물론 회사의 자원을 낭비하는 공공의 적으로 간주된다.

회사라는 조직 내에서 좋은 이미지를 쌓기에도 어려운 때에 시답잖은 메일 한 통으로 당신의 이미지가 실추된다면? 물론 당신이 전체 회사의 업무를 총괄하는 기획, 총무, 인사파트 등에서 일하는 담당자라면 새로운 소식의 공지 차원에서 그룹 메일을 자주 쓰게 될 것이다. 그러나 그 외의 직무에 있는 사람은 꼭 필요한 경우가 아니라면 가급적 회사 전체 그룹 메일은 사용하지 않는 것이 좋다.

이메일 프라이버시

전화 또는 직접 만나 나누는 대화와는 달리 한번 보낸 이메일은 그 이후에 전개될 상황을 전혀 통제할 수 없다. 메일의 내용은 다른 사람에게 얼마든지 재전송될 수 있고, 또 인터넷 카페나 블로그 등에 공개되어 당신 의사와 관계없이 반영구적으로 남을 수도 있다. 따라서 사적인 내용을 이메일로 보내는 것은 심사숙고해야 한다.

41

발표 잘하기

거래 금액 100억 원짜리 프로젝트에 대하여 15분간 피티를 한다고 가정하면,
초당 1,100만 원 이상 벌어들인다는 계산이 나온다.

요즘은 자기 표현 시대다. 얼마나 알고 있느냐보다 알고 있는 것을
얼마나 효과적으로 표현할 수 있느냐가 참으로 중요한 시대가 되
었다. 자신의 생각을 많은 사람들 앞에서 잘 나타낼 수 있는 방법 중 하나
가 발표다. 흔히 피티PT라고들 줄여서 말하는 프레젠테이션presentation도 그
어원을 따지고 보면 '나타내기', '드러내 보이기' 등의 의미를 가지니 뜻이
서로 통한다.

회사는 수입을 올리기 위해 고객으로부터 주문을 받아야 하는데 대개
는 동종업계의 다른 사업자와 경쟁을 통해 일감을 따내는 경우가 많다.
이때 발주 측에서 자주 선택하는 방법이 제안 평가이며, 제안 내용을 정
해진 시간 내에 잘 설명할 수 있도록 10~20분 내외의 시간 동안 발표를
하는 것이 바로 피티다. 그러므로 피티가 얼마나 중요한가에 대해서는 더

말할 나위가 없다.

2018 동계올림픽 후보지 선정 직후 전 국민에게 방송되었던 나승연 대변인의 피티를 기억하는 사람들이 많다. 5분 남짓 동안의 짧은 시간에 왜 대한민국의 평창이 개최지가 되어야 하는지 역설하는 그녀의 피티는 보는 사람들에게 큰 감동을 주었다. 특히 전체 내용을 영어로 구성하면서도 그중 일부 내용을 프랑스어로 준비해 발표하는 부분에서는 그녀의 센스와 배려로 인한 감동이 배가된다.

여기서 우리는 무엇을 배워야 할까?

과연 나승연 대변인은 생각나는 대로 이야기를 이어간 것일까?

그렇지 않다. 오랜 시간 동안 피티를 준비하였음은 물론, 어떤 이야기를 할 것인지에 대해 미리 발표문을 준비했을 것임에 틀림없다. 원고를 보지 않은 채 자연스럽게 말을 이어갈 수 있도록 끝없이 외우고 연습을 거듭하였을 것이다.

피티의 특징과 중요성을 살펴보면 다음과 같다.

첫째, 5분에서 20분 남짓의 시간 동안 엄청난 금액의 거래에 관해 사실상의 의사결정이 이루어진다. 예를 들어 거래 금액 100억 원짜리 프로젝트에 대하여 15분간 피티를 한다고 가정하면, 초당 1,100만 원 이상을 벌어들인다는 계산이 나온다. 신입 직원 연봉의 1/3 정도를 1초에 벌어들이는 것이다.

둘째, 대부분의 경우 응찰업체의 역량을 평가하기 위해 수백 페이지에 달하는 제안서를 작성 및 제출케 하고 또 그 제안서의 요약본까지 제출하는 경우도 많다. 그러나 정작 심사위원들은 제안서를 꼼꼼히 살필 만큼 충분한 시간 여유를 갖지 못하는 경우가 대부분이다. 경쟁업체가 많은 경우에는 더더욱 모든 회사의 제안서를 자세히 살필 시간이 거의 없다 하여도 과언이 아니다.

그러니 주어진 시간 동안 회사의 제안을 얼마나 잘 설명하느냐가 결국 업체 선정에 있어 중요한 잣대가 된다. '자신이 알고 있는 무언가를 다른 이에게 설명할 때, 30초 안에 설명할 수 없다면 제대로 알지 못하는 것'이라는 말이 있다. 이 말은 핵심을 간결하게 설명하는 것이 얼마나 중요한 능력인지를 의미한다.

성공적인 피티를 위해서는 다음과 같이 준비하자.

먼저, 슬라이드에 너무 의존하지 않도록 하라.

슬라이드는 그야말로 보조 자료일 뿐이다. 흔히 발표문을 슬라이드에 모두 담아 청중 앞에서 줄줄 읽는 것이 피티인 것으로 아는 사람이 꽤 있는데 이는 절대로 피해야 할 일이다. 발표자가 준비한 슬라이드의 내용쯤은 청중들도 읽을 줄 안다. 그러므로 발표자가 앞에 나와 단순히 슬라이드의 내용을 대표 낭독할 이유가 없는 것.

반드시 별도의 발표 원고, 즉 스크립트script를 준비하라.

스크립트는 문어체文語體가 아닌 구어체口語體로 작성되어야 하며, 말하듯 자연스럽게 나올 수 있도록 여러 번 읽고 다듬어 완성시켜야 한다.

스크립트가 완성되었으면 실제 발표하는 것과 가장 비슷한 환경과 분위기에서 리허설을 하며 소요되는 시간을 측정하라.

대개의 경쟁 피티에서는 시간이 제한되어 있기 때문에 발표 시간이 너무 짧으면 주어진 시간을 제대로 활용하지 못한 것이 되고, 너무 길면 준비한 내용을 제대로 표현하지도 못했는데 시간이 다 지나가버려 당황하게 된다. (심지어 발주 측에서 발표 시간을 재고 있다가 제한 시간이 지나면 마이크를 곧바로 꺼버리는 경우도 많다.)

주어진 시간에서 5~10초 정도를 남긴 채 발표를 끝낼 수 있다면 가장 이상적일 것이다.

두 번째 유의해야 할 사항으로, 내가 하고 싶은 얘기보다는 고객이 듣고 싶은 얘기 위주로 스토리라인을 준비해야 한다는 점이다.

내가 일하는 회사에서 직원들이 작성해 온 피티 자료를 처음 보았을 때 느꼈던 문제는 우선 구성이었다. 제일 앞부분에 위치한 장이 '회사 소개'였으니 말이다.

생각을 해보라. 심사 위원들은 동일한 사안에 대하여 여러 회사들의 제안 발표를 반복해 듣고 있는 중이다. 그들은 당신이 다니는 회사가 어떤 회사인지가 궁금하기보다는, 그들의 니즈needs를 어떻게 충족시켜 줄 것인지가 궁금한 거다.

시간이 얼마든지 많다면야 자기소개를 한 후 천천히 본론을 얘기할 수도 있겠지만 짧은 제한 시간 내에 꼭 필요한 얘기만을 짚어 얘기해야 하는 피티에서 그런 구성은 빵점짜리다.

그렇다면 이러한 구성은 어떨까?

① 우선 고객이 요구한 니즈를 당신 회사 입장에서 이해하고 소화한 내용을 앞부분에 놓고 설명한다.

② 과연 그 니즈를 어떻게 해결(솔루션solution)하면 고객 입장에서 최선의 혜택이 제공되는지 설명한다.

③ 그러한 솔루션을 당신 회사가 어떻게 제공할 수 있는지에 대해 설명한다.

여전히 회사 소개가 필요하지 않겠느냐고?

그건 슬라이드 맨 뒤에 만들어 넣었다가 시간 여유가 되면 설명하고, 그렇지 않으면 유인물로 갈음하겠다고 해도 그만이다.

마지막으로 발표자의 자세와 태도가 중요하다. 이 부분에 대해서도 역시 얘기해야 할 거리가 많겠지만 우선 한 가지만 명심하라. 발표자는 가급적 청중에게 등을 보이지 않아야 한다.

- 얼굴에 가벼운 미소를 머금은 채
- 시선을 청중의 좌에서 우로 골고루 나누면서
- 때로는 일부 사람과 눈을 맞추며

이야기를 전개해 나가야 함을 잊지 말라.

슬라이드에 있는 내용을 읽느라 주어진 시간 내내 청중에게 당신의 뒤통수만을 보여 주는 피티로는 절대로 상대를 설득할 수 없다.

One Page Report

이제 보고서 한 장의 내용과 수준이 어떠하냐에 따라
그 사람의 능력이 평가되는 시대가 되었다.

대부분 회사의 조직은 피라미드pyramid 형태이다. 피라미드 최상단 꼭짓점에 최고 경영자가, 그 아래에 경영진 및 주요 부서장들이 위치하게 된다. 이런 형태의 조직은 아래로 갈수록 사람이 많고 위로 갈수록 사람이 적다는 특징을 가진다. 다시 말하면 상위 직급일수록 관리해야 할 대상 직원과 이런 저런 일들에 개입하고 결정해야 할 업무가 많다는 뜻이다.

조직을 움직이는 원동력은 의사소통을 통한 '선택'과, 그리고 '집중'이다. 이때 의사소통은 보고報告라는 형태로, 선택은 결재決裁라는 형태로 나타난다.

보고에는 말로 하는 구두口頭 보고와 문서로 하는 서면書面 보고가 있다. 구두 보고는 빠르고 간편하다는 장점이 있지만 시간이 지나면 근거가 남지 않는 것이 치명적인 약점이다.

서면 보고는 근거가 확실하고 관련되는 사람들 간에 내용을 공유하기에는 좋지만, 구두 보고에 비해 준비 시간과 노력이 더 필요하다는 것이 흠이다. 이 두 가지 중 장점만을 결합한 것이 '한 장 보고서', 곧 one page report이다. 이제 보고서 한 장의 내용과 수준이 어떠하냐에 따라 그 사람의 능력이 평가되는 시대가 되었다.

미국 중앙정보국CIA에서는 미래를 예측하는 내용 외에는 모든 보고를 한 장 이내에 하는 것을 원칙으로 삼고 있다. 심지어 3만 명의 정보 요원을 동원해 3개월 이상 수집한 정보조차 한 장에 보고된다고 한다.

보고서라면 으레 서술식敍述式으로 작성해야 하려니 생각하기 쉽다. 그러나 빠른 의사 결정이 요구되는 현대에는 빠르고 직관적으로 내용을 파악할 수 있도록 두괄식頭括式과 개조식個條式으로 작성하는 것이 좋다.

두괄식이란 글의 첫머리에 중심 내용이 오는 구성 방식을 말한다. 미국 중앙정보국에서도 정보보고서 작성을 위한 열 가지 원칙 중에서 제일 첫 번째로 강조되는 것이 바로 두괄식 원칙이다. 원문을 한번 살펴보자.

Put big picture, Conclusion First.

어떤 것에 관하여 체계적으로 자기 의견이나 주장을 적은 글을 논문論文이라고 부른다. 이런 종류의 글은 대개 서론, 본론, 결론의 세 단계로 이루어지며, 중심 내용이나 결론이 맨 나중에 나타나는 미괄식尾括式 체계를 쓰는 것이 보통이다.

하지만 회사 내의 보고서는 대개 윗사람들이 읽게 된다. 또한 더 높은 상급자일수록 더 많은 사람들로부터 다양한 보고를 받기 때문에 늘 시간이 모자란다. 상황이 이러하니, 서론을 읽고 수 페이지에 달하는 본론을 읽어야 비로소 결론을 알 수 있는 미괄식 보고서를 대하면 자연스레 짜증이 날 밖에.

상급자는 보고자가 무엇을 얘기하려는지 가능한 한 빨리 알아차리고 싶어 한다는 점을 명심하라.

개조식이란 '글을 쓸 때 앞에 번호를 붙여 가며 짧게 끊어서 중요한 요점이나 단어를 나열하는 방식'을 가리킨다. 짧은 문장은 읽는 사람으로 하여금 이해도를 높이는 효과가 있다.

하지만 비록 한 장 보고서일지라도 제목, 개요, 본론, 말미 등과 같이 필수적인 요소들이 포함되도록 형식을 갖추는 것은 여전히 중요하다.

- 제목 : 제목의 중요성은 아무리 강조해도 지나치지 않다. 제목만으로 보고서의 성격과 전체 내용을 파악할 수 있을 정도로 좋은 제목을 뽑아내야 한다. 제목이 너무 길면 곤란하니 한 줄 이내가 되도록 하고, 핵심적인 사항을 포함시키는 것이 좋다. 특히 제목에 'ㅇㅇ 보고의 건'과 같이 습관적으로 '~의 건'이라는 군더더기를 붙이는 사람들이 간혹 있는데 이것은 매우 좋지 않은 버릇이다. 그 부분을 빼보면 오히려 제목이 간결해지고 의미가 선명하게 다가온다.
- 개요 : 보고서 전체적인 내용을 개략적으로 요약하거나 보고서 작성의 배경과 목적, 경위 등을 서술한다.
- 본론 : 현황 및 문제점, 과거 사례와 대안 분석, 전망 등 필요한 내용

을 작성하되, 중요도가 높은 사항을 먼저 기술한다.

- 말미末尾 : 결론 및 대안 제시, 건의 사항, 향후 조치 사항 등을 기술하며, 참고 자료가 필요하면 별도 페이지에 첨부하는 것이 좋다.

보고서를 잘 쓰는 데 있어 왕도王道라는 것이 있으랴만, 일반적으로 보고 전에 다음과 같은 점은 반드시 점검해야 한다.

- 오탈자誤脫字, 즉 틀린 글자와 빠진 글자는 없는지?
- 인명, 지명, 숫자, 단위 등에 착오는 없는지?
- 전문 용어, 특수 용어 등 이해하기 어려운 표현은 없는지?
- 한 문장에 40 단어 이상이 포함되는 긴 글은 없는지?

보고하는 시점 또한 중요한데, 바람직한 보고 시점과 대부분의 조직에서 선호되고 있는 보고의 원칙에 대해 알아보자.

- 업무가 완료되면 즉시 보고하라.
- 종결이 지어질 때까지 오랜 시간이 걸리는 사안은 몇 번에 걸쳐 중간 보고를 하라.
- 가급적 간결한 문장, 도표, 숫자를 사용하여 알기 쉽게 보고하라.
- 사실事實과 자신의 의견을 명확히 구분해, 정확하고 간결하게 보고하라.
- 결론 → 이유 → 경과의 순으로 보고하라.

특히, 사실(팩트fact라고도 한다)과 자기 의견을 분명히 구분해 보고하는 것은 매우 중요하다. 만일 보고 내용이 사실과 다른 것으로 밝혀지는 경우 당시 보고가 허위였는지 여부를 놓고 보고자가 큰 곤혹을 치르게 될 수도 있기 때문이다.

구두 보고를 하는 요령 역시 앞서 얘기했던 원칙들을 준용할 수 있다. 보고를 받는 상급자는 늘 바쁘고 정신적인 여유가 부족하다는 입장을 헤아려 요점要點만 간략히 보고할 수 있도록 준비하자.

제목에 해당하는 한마디, 잘 간추린 요약 결론 한마디, 그리고 상급자의 질문에 따른 명확한 답변 한마디, 대부분의 구두 보고에서는 이렇게 딱 세 마디 정도면 충분할 것이다.

43

영어 명함 만들기

Vice President는 모두 부사장?

글로벌 시대에 대비하여 비즈니스 명함의 뒷면을 영어 명함으로 꾸미기 시작한 지는 우리나라에서도 퍽 오래된 일이다.

이렇듯 일상이 되어 버린 영어 명함이지만 제대로 작성된 영어 명함을 가진 회사를 찾아보기는 쉽지 않다. 그중 가장 흔한 오류가 자신의 직급 또는 직책을 영어로 잘못 표기한 사례이다.

다 그런 것은 아니지만 아직도 많은 회사의 직급 체계가 사원, 대리, 과장, 차장, 부장, 이사, 상무, 전무, 부사장, 사장 등으로 나뉘어져 있다. 이러한 직급 체계는 회사 조직 체계의 가장 소집단 조직이 과課, 그리고 몇 개의 과가 모여 부部를 이루고 있는 경우에 특히 적합하다. 즉, 과장課長이 과課를 책임지고, 부장部長이 부部를 책임지는 우두머리의 의미로 쓰인다면 그리 큰 문제가 되지 않는다.

과장을 영어로 어떻게 표현하는가 한영사전을 찾아보면 아래와 같은 결과를 찾아볼 수 있다.

section chief

내친 김에 부장은 어떻게 표현하는지 몇 가지 영한사전을 동원하여 찾아보자.

- head of department
- department head
- the head of a department
- a department manager
- a general manager

많기도 하다. 이렇게 많은 표현 중에 어떤 것을 골라 써야 부장이라는 말을 가장 정확하게 표현할 수 있을까? 더욱이 요즘은 '본부장'에 심지어 '부문장'이라는 직위까지 있는데 이건 또 어떻게 표현하나. 이사와 상무이사, 전무 이사는 각각 어떻게 표현하면 좋을까, 고민이 아닐 수 없다.

결론부터 말하자면 이렇다. 미국을 포함한 서양에서는 우리의 직급 체계와는 사뭇 다르다는 점을 먼저 이해해야 한다. 그러니 과장을, 차장을, 부장을 어떻게 영어로 표현해야 가장 적확_{的確}한 것인지 1 : 1 직역할 생각을 버려야 한다. 그보다는 그가 무슨 일을 하는지 담당 직무를 기재하는 것이 비즈니스 상대에게 오히려 도움이 된다.

참고로 내가 일하는 회사에서 영어 명함에 기재하는 직무 몇 가지를 예를 들어보면 다음과 같다.

경영팀에 소속되어 각종 제안서나 프레젠테이션 자료 개발, 디자인 등을 담당하는 박지은 과장의 경우,

Ji-eun Park

Visual Designer

와 같이 기재한다. 앞서의 경우와 무엇이 다른지 들여다보자. 먼저, 과장이라는 직급은 온데간데없다. 경영팀이라는 소속 표시도 없으며, 단지 'Visual Designer'라는 직무를 기재함으로써 시각 디자인 업무를 담당하는 사람이라는 것을 쉽게 파악할 수 있다.

3사업부에서 캐드 프로그램을 이용해 각종 설계 업무를 담당하는 채미애 차장의 경우,

Miae Chae

Senior CAD Engineer

처럼 기재한다. 역시 차장이라는 직급은 온데간데없다. 3사업부라는 소속 표시도 없으며, 단지 CAD Engineer라는 직무를 기재함으로써 설계 업무를 담당하는 사람이라는 것을 쉽게 파악할 수 있을 뿐이다. 일반 사원이나 대리급 설계 담당자와 차장급 설계 엔지니어를 구분하는 방법으로는 그저 경험이 많고 능숙하다는 의미의 'Senior'라는 단어를 앞에 붙여

주면 충분하다. 이런 개념을 좀 더 확장해 보면

사원급 설계 엔지니어는, Junior CAD Engineer,

대리급 설계 엔지니어는, CAD Engineer,

과장이나 차장급 설계 엔지니어는, Senior CAD Engineer 등으로 표기하면 될 일이다.

우리가 상대할 외국인 입장에서는 당신이 과장인지 대리인지 직급이 궁금한 것보다는, 무슨 일을 담당하는지에 더 관심이 있다는 전제하에 말이다.

또 한 가지 주의할 점이 있다. ○장을 모두 Manager로 단순 직역하는 습관이다. 과장을 Manager로 적었으니 그 아래 위치인 대리는 Assistant Manager, 부장은 General Manager, 차장은 Deputy General Manager 등 전 직원이 Manager라는 단어로 도배를 하는 경우가 있는데, 이는 절대 피해야 할 일이다.

최근 많은 회사에서 팀 단위 조직을 운영하기 시작한 후 과장이나 부장 등은 더 이상 직책이 아닌 직급인 경우가 대부분이다. 그럼에도 이를 간과한 채 영어 명함에 여전히 Manager라는 용어를 남발한다면 상대 외국인에게 커다란 혼동을 줄 수 있다.

다시 한 번 정리해 보자. 자기가 맡은 분야에 대하여 의사 결정권, 즉 결재권이 없는 사람이 영문 명함에 Manager라고 쓰는 것은 옳지 않다. 즉, 팀제 조직을 채택하고 있는 회사라면 팀 내에 부장이나 과장 직급을 가진 구성원이 있더라도 팀장 외에는 Manager라는 용어를 쓰지 않도록 조심해야 한다. 그렇지 않으면, 기껏 홍길동 과장이 상담을 진행한 후 상대가 최종 의사 결정을 구하는 순간, '팀장에게 물어보아야 한다.'는 홍 과장의 답변에 상대 외국인은 의아한 표정을 짓게 될 것이다. 어쩌면 "당신이 자기 분야에 있어 결정권을 가진 Manager(또는 Chief)인데 도대체 누구에게 뭘 물어야 한다는 말이냐"는 힐책에 가까운 질문을 듣게 될지도 모를 일이다.

또한 비교적 높은 직위를 표현할 때도 주의할 점이 있다. 최근 기업에서 유행하는 직책인 본부장이나 부문장을 영어로 어떻게 써야 하는지 고민해 보자. 쉽게 답이 나오는가?

본부장이나 부문장은 통상 몇 개의 팀이나 사업부를 관장하는 상위 직이라는 점을 고려하여, Vice President라고 쓰고 그가 담당하는 분야를 뒤에 덧붙여 주면 된다.

예를 들어

영업본부장이라면 Vice President, Sales

연구개발본부장이라면 Vice President, R&D 등으로 말이다.

Vice President를 직역하면 부사장인데, 부사장보다 한 수 아래인 본부장이나 부문장이 그렇게 써도 되겠느냐고? 그러나 그게 그렇게 걱정이라면 부사장의 경우에는 Senior Vice President 혹은 Executive Vice President로 구분해 쓰면 될 일이다.

참고로 미국이나 영국에서 흔히 사용되는 직무별 영어 표현 몇 가지를 적어 보았다. 각 직무의 내용을 살펴보면 그 사람이 무슨 일을 하는지 쉽게 이해할 수 있다. 우리의 영문 명함도 과장이나 부장 등 직급을 영어로 어떻게 나타내는가를 신경 쓰기보다는 아래와 같이 무슨 일을 하는 사람인가 하는 것을 나타내는 것이 우선이다.

- 감사담당   Internal Auditor
- 기술자료 작성담당   Technical Writer
- 법률고문   Legal Counsel
- 보좌역   Administrative Assistant
- 시장조사담당   Market Researcher
- 안전보건감독관   Health and Safety Inspector
- 영업사원   Sales Representative
- 인사 담당   Administrator, Human Resources
- 일반사무원   General Clerk
- 임원 비서   Executive Assistant
- 접수담당   Receptionist
- (글로벌 기업의) 지사장 Country Manager
- 컴퓨터 프로그래머   Software Engineer
- 통계담당   Statistician
- 현장소장   Site Manager
- 회계 담당자   Accountant
- 회계장부 기장담당   Bookkeeper
- A/S 담당 엔지니어   Customer Engineer

44

둘째 주 금요일과
두 번째 금요일

> "매월 첫째 주 월요일은 휴관입니다."와 같이 부착된 도서관 이용
> 안내문은 고객들에게 큰 혼동을 줄 수 있다.
> 이제 "매월 첫 번째 월요일은 휴관입니다."로 바꾸어 보자.

내가 회장으로 섬기는 초등학교 동기 모임이 있다. 전임 회장들이 기초를 놓고 잘 다듬어 놓은 덕에 그야말로 거저 두어도 잘 굴러가는 모임이다. 그런데 2014년 2월과 3월에 들어 작은 문제가 불거졌다. 회칙에는 '매월 둘째 주 금요일'에 정기 모임을 갖기로 규정되어 있는데, 공교롭게도 2월과 3월 모두 그 달의 첫째 날이 토요일로부터 시작되는 것이다.

그러니 달력의 첫째 주에 달랑 하루만 걸쳐 있는 날을 온전한 한 주週로 볼 것이냐 여부에 따라 둘째 주 금요일이 언제인지가 결정된다.

비록 하루가 걸쳐 있지만 그것을 한 주로 본다면 7일, 그게 아니라면 14일이 모임 날짜가 되는 것이다.

집행부에서는 하루라도 걸쳐 있어 그달 달력에 한 줄을 차지하고 있으

면 그것을 한 주로 보아야 하는 게 아니냐는 생각을 했고, 그렇다면 7일이 달력에 표시된 '둘째 주의 금요일'이다 싶어 그때 모임을 가졌다. 한 번쯤 그렇게 지나갔다면 별 문제가 없었을 터, 연속 두 달을 그렇게 하다 보니 일부에서 이견이 제기되었다.

하루가 걸쳐 있는 것은 한 주로 볼 수 없으니 둘째 주 금요일은 7일이 아니라 14일이 맞는 게 아니냐는 것.

어찌 보면 사소할 수도 있는 문제로 동기들 간에 패를 갈라 왈가왈부하게 되면 곤란하겠다 싶어 더 이상 논쟁이 번지지 않도록 조기 진화하긴 했다. 하지만 무엇이 맞는 것인가에 대한 궁금증은 여전히 해소되지 않은 터였다.

그래서 인터넷 검색을 시작하니 네이버 지식인부터 다음 지식, 그리고 이런 저런 이름의 개인 블로그에 이르기까지 이와 동일한 주제로 묻고 답한 글이 여럿 조회되었다.

조회된 내용을 분석하니 '한 주로 간주되려면 날짜가 그 주에 나흘 이상 걸쳐 있어야 한다.'는 것이 주장의 대세.

그러나 이렇게만 해놓으면 한 주일을 시작하는 요일을 어떤 요일로 삼느냐에 따라 해석이 달라지니, 이는 또 다른 논쟁의 불씨가 된다.

이에 관해 정리된 결론은 다음과 같다. 미국의 경우는 한 주가 일요일부터 시작하여 '일, 월, 화, 수, 목, 금, 토'의 순으로, 영국의 경우는 '월, 화, 수, 목, 금, 토, 일'의 순서로 한 주가 이루어진다. 세계표준화기구 즉, ISO가 정한 바는 영국의 경우와 같고, 한국산업표준인 KS 역시 ISO 규격과 동일한 내용으로 만들어졌으므로 우리나라는 월요일이 한 주의 시작이다.

ISO 8601 날짜와 시간의 표기에 관한 표준규격의 내용 중 주週와 관련된 것을 추려 보면 아래 내용이 핵심이다.

> 한 해의 첫 주는 1, 마지막 주는 52 또는 53이 된다. 첫 주는 그 해의 첫 번째 목요일을 포함하는 주로 삼는다. 요일을 나타내는 순서는, 월요일이 1, 일요일이 7이다.

즉, 월, 화, 수, 목, 금, 토, 일의 순서에서 목요일 이전부터 1일이 시작되면 그 주에 속한 날 수가 나흘 이상이 되므로 목요일이 포함되면 그 해의 첫 주로 판단한다는 것이다.

그런데 여기서 주의할 점이 있다. ISO에서 정하고 있는 한 주의 시작은 매년 첫 주를 결정하는 데 쓰일 뿐, 매월 첫 주를 결정하는 기준은 아니라는 것이다.

즉, 한 해는 대개 52 내지 53개의 주로 이루어지므로, 1월 1일부터 12월 31일까지를 1주차, 2주차, ... 52주차 (또는 53주차) 등과 같이 한 해 동안 연속해 주 번호를 매겨나가기 위한 표준일 뿐, 2월 첫째 주, 3월 첫째 주 등과 같이 그 달의 첫째 주가 어떤 것인지를 정하기 위한 것이 아니라는 것. 좀 더 이해를 돕기 위해 아래 내용을 살펴보자.

KS A 5402(주간 수 결정법)의 적용 범위에는 다음과 같이 규정되어 있습니다. '이 규격은 서력에 대한 한 해의 주 번호 부여 방침을 규정하는 것으로, 1주가 시작되는 날과 한 해의 주간 수를 결정하는 방법에 대하여 규정한다.'

따라서 KS A 5402는 고객님께서 질의하신 매월 주 번호(1주, 첫째 주 등)를 부여하는 방침을 규정하는 표준 문서는 아닙니다. KS 표준에 규정된 사항 이외의 내용을 확대 해석하여 매월의 주를 결정하는 것은 바람직하지 않고, 또한 각종 기관 및 단체 등에서 매월의 첫째 주를 정하는 것은 각 기관에서 판단해야 할 사항으로 사료됩니다.

[출처 : 국가표준인증 종합정보센터의 '기술표준 신문고']

그렇다면 답은 하나이다. 아예 문제가 발생할 소지가 없도록 회칙의 내용을 명료하게 표현하는 것이다. 즉 '매월 둘째 주 금요일' 대신에 '매월 두 번째 금요일'로 표현을 바꾸자는 것.

얼핏 같은 얘기처럼 보여도 자세히 살펴보면 후자의 표현에는 애매한 것이 없다. 첫 주에 하루가 걸쳐 있든 이틀이 걸쳐 있든 상관없이 그 달에 몇 번째 나타나는 금요일인가는 누가 세어보더라도 명확하기 때문이다.

'매월 첫째 주 월요일은 휴관입니다.'와 같이 써 붙인 도서관 이용 안내문은 고객들에게 큰 혼동을 줄 수 있다.

이제 '매월 첫 번째 월요일은 휴관입니다.'로 바꾸어 보자.

어떤가. 뜻이 좀 더 분명하게 전달되지 않는가?

이미 잘 알고 있고 익숙하며 명확하다고 생각했던 것조차 자세히 살펴보면 따져볼 것이 의외로 많다. 이러한 애매함으로 인해 의사소통에 혼선이 예상된다면 의미가 보다 분명하게 표현되도록 한 번 더 다듬을 필요가 있다.

45

공문 작성하기

공문의 중요한 성격 중 하나는
'한 조직의 수장이 다른 조직의 수장에게 보내는 문서'라는 점이다.

안타깝게도 많은 기업들, 특히 중소기업에서는 공문公文 하나 제대로 작성하는 사람을 보기 어렵다. 상대 회사에서 보내온 공문에 회신 문서를 작성하기 위해 온 회사 임직원이 달라붙어 쩔쩔매고도 결국 시원 찮은 문서가 생산된다면 이는 큰 문제다.

우선 공문이란 무엇인지부터 알아보자. 대통령령 제31380호-행정 효율과 협업 촉진에 관한 규정에는 '공문서란 행정기관에서 공무상 작성하거나 시행하는 문서와 행정기관이 접수한 모든 문서를 말한다.'라고 정의되어 있다.

즉 공문은 '공무상 작성하거나 접수한 문서'의 준말이며, 행정기관이 작성 및 시행하는 문서는 물론, 접수한 모든 문서까지를 포함하고 있음을 알 수 있다. 그러므로 일반 기업이 행정기관에 보낸 문서도 공문이며, 이를 좀 더 확대하면 기업 간에 주고받은 문서 역시 공문이라고 보는 것이 일반적 해석이다.

업무를 수행하기 위해 통용되는 의사소통 방식에는 말로 하는 것과 글로 하는 것이 있는데, 그중에서 공문이란 '(의사소통을 위해) 일정한 서식에 맞추어 작성된 공식 문서公式文書' 정도로 이해하면 무난하다.

공식적이라는 의미에는 문서의 내용은 물론 문서를 서로 주고받는 형식까지도 모두 포함하므로, 처음 접하는 입장에서 다소 어렵고 복잡하게 느껴지더라도 정확하게 이해해 두는 것이 좋다.

공문이 갖는 의미와 힘

공문은 담당자 간에 사사롭게 주고받는 메모가 아닌 양사 또는 기관의 대표 간에 공식적으로 주고받는 문서이다.

예를 들어 가나다주식회사 영업부의 김효범 차장이 ○○건설주식회사 기전부의 홍길동 과장과 업무를 진행하고 있다고 가정해 보자. 두 사람 간 업무 처리 과정에 명확히 해둘 사항이 있어 이를 공문으로 처리하려 한다.

- 먼저 김효범 차장이 상대에게 전하고자 하는 내용을 격식에 맞추어 작성한 후 결재 과정을 거쳐 발송 공문을 완성하면,
- 그 공문은 우편, 팩스, 또는 인편 등을 통해 ○○건설주식회사에 전달되고,

- ○○건설주식회사에 접수된 공문 역시 조직 내 결재 과정을 거쳐 담당자인 홍길동 과장에게 최종 전달되는 과정을 거치게 되는 것이다.

결재를 받는 과정 중에 양사 담당자 간에 이슈issue가 되는 내용을 결재권자들이 알게 되므로 보다 책임감 있게 일처리가 진행되는 것이 보통인데, 이것이 바로 공문이 갖는 힘이다. 즉 공문으로 요구한 내용은 구두口頭나 이메일 등으로 요청한 것보다 더 빠르고 명확하게 처리되는 경우가 많다.

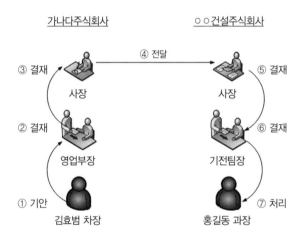

이는 두 가지 이유 때문인데, 그중 하나는 말이 아닌 문서로 전달되기에 후일 양자 간 법적 책임 공방이 생겼을 때 물적 증거의 효력을 갖게 된다는 점이다. 다른 하나는 개인 간이 아닌 조직 간 소통으로 단위가 커지므로 쌍방은 보다 객관적이고 책임 한계를 명확히 할 수 있는 해법을 내놓기 위해 조직 전체의 역량을 집중할 수 있다는 점이다.

공문 서식

일반 회사에서 사용하는 공문에 대하여 법률로 정해진 서식은 없다. 그러므로 공문으로서 갖추어야 할 내용만 빠짐없이 들어 있다면 자체적으로 서식을 정해 시행하면 그만이다. 다만 같은 회사에서 나가는 공문이 어떤 사람이 보내느냐에 따라 매번 그 형식과 틀이 달라진다면 곤란하다. 그러므로 회사의 공문 서식은 미리 정해 놓고 공유함으로써 모든 임직원이 동일한 서식을 쓰는 것이 바람직하다.

공문의 기본 구성은 아래에 인용한 정부투자기관문서규정*과 맨 마지막에 예시로 첨부한 공문서식을 참고하기 바란다.

💡 이 규정은 2012년 6월 12일에 폐지되었지만 아직도 많은 회사에서 종전의 규정에 따라 제정된 공문서식을 작성하고 있으므로 내용을 이해해 두면 실무에 도움이 된다.

제13조 (문서의 구성)

① 일반 문서 중 발신 문서는 두문 · 본문 · 결문으로 구성한다.

1. 두문은 발신 기관명 · 분류 기호 또는 문서 번호 · 시행년월일 및 수신 기관으로 한다.

2. 본문은 제목 및 내용으로 한다.

3. 결문은 발신자명의 및 수신처란으로 한다.

② 문서의 두문 중 수신 기관의 표시는 경유 · 수신 및 참조로 구분하며, 다음 각 호의 요령에 따라 기입한다.

1. 경유는 문서 내용에 따라 관계 기관 또는 관계 부서의 경유를 필요로
   할 때에 그 경유하는 기관 또는 부서의 장의 직명을 쓴다.
2. 수신은 수신 기관 또는 수신 부서의 장의 직명을 쓴다. 수신 기관이 2
   이상일 때에는 "수신처 참조"라 쓰고 결문의 수신처란에 수신 기관명
   또는 기호를 표시한다.
3. 참조는 문서를 직접 처리하여야 할 수신 기관의 부서의 장의 직명을 쓴
   다.
③ 문서의 본문 중 제목은 문서의 내용을 쉽게 알 수 있도록 간명하게 표
   시하여야 하며, 내용은 그 문서로서 표현하고자 하는 뜻을 쉬운 말로
   간략하게 작성하여야 한다.
④ 문서의 결문 중 수신처란을 설정하는 경우에는 발신명의 다음 줄 왼쪽
   에 수신처라 쓰고 수신 기관명 또는 수신처 기호를 쓴다.

발신 명의

공문의 중요한 성격 중 하나는 '한 조직의 수장이 다른 조직의 수장에게
보내는 문서'라는 점이다. 앞서 들었던 예에서도 김효범 차장이 홍길동 과
장에게 문서를 보내는 것이 아니라, 가나다주식회사의 대표가 ○○건설
주식회사 대표에게 보내는 형식을 취해야 하는 것이다. 그러므로 공문의
발신 명의는 '가나다주식회사 사장'과 같이 적어야 하는 것. 앞서 참고했
던 정부투자기관문서규정에서 해당 부분을 살펴보자.

제17조 (발신명의)

① 기관 외로 발신하는 문서는 특히 정하여진 경우를 제외하고는 기관의 장의 명의로 발신한다.

② 기관 내의 부서 상호 간에 수발되는 문서는 업무 부서의 장의 명의로 발신한다.

수신자의 표시

수신자는 앞서 설명한 바와 같이 공문을 정식으로 받아야 할 사람이 누군지를 명기하는 부분이다. 수신자 역시 앞서 설명한 대로 상대 조직의 수장이어야 한다. 'ㅇㅇ건설주식회사 사장' 등과 같이 말이다. 여기서 주의해야 할 것이 있다. 많은 사람들이 상대 회사나 기관에 공문을 보내며 그저 'ㅇㅇ주식회사'와 같이 회사 이름만 적는 실수를 저지른다는 것. 그러나 공문은 회사에 보내는 것이 아니라 회사의 대표자에게 보내는 것이다. 그러므로 회사의 대표자 직함을 제대로 적어야 한다.

이때 주식회사라면 으레 사장이라고 적으면 무난하지만, 회사나 기관명 맨 뒤에 그저 '장'이라는 글자를 붙이면 된다는 어림짐작으로 적기엔 때로 애매한 경우가 있다. 이를테면 '서울특별시시설관리공단'이라는 기관은 '단'으로 끝나지만 대표가 '단장'이 아니라 '이사장'이다. 그러므로 '서울특별시시설관리공단 이사장' 이렇게 적어야 옳다. 어떻게 적어야 할지

가 나 다 주 식 회 사

수신   ○○건설주식회사 사장 (기전팀장)

(경유)

제목   공동 참여 의향서 제출

1. 귀사의 일익 번창을 기원합니다.

2. 이번에 귀 사가 추진 중인 ◇◇사업 관련하여, 폐사는 동 사업 수주에 공동 참여코자
   붙임과 같이 공동 참여 의향서를 제출하니 참고하시기 바랍니다.

붙임   공동 참여 의향서 1부.   끝.

가 나 다 주 식 회 사   사 장

시행   신사530-1004 (2022. 2. 3.)   접수
우05839 서울시 송파구 충민로 52, D동 302호 (문정동, 가든파이브웍스)   www.ganada.me
담당자 영업부장 여욱   전화 (02) 6956-3390   팩스 (02) 6280-3391   전자우편 yeo@ganada.me

확실하지 않을 때에는 홈페이지나 전화 문의를 통해 상대 회사 또는 기관의 대표자 직함이 무엇인지를 반드시 확인하라.

또한 상대 회사 이름은 한 글자라도 틀리지 않도록 바르게 적는 것이 중요하다. 만일 회사명을 틀리게 적는다면 '홍길동'을 '김길동'이라고 잘못 부르는 것 이상의 실례를 범하는 것이다. 공문 수신처의 이름도 제대로 못 챙기는 회사로부터 공문이 전달되었을 때 받는 회사의 기분은 어떠하겠는가. 아마 될 일도 안 되거나, 향후 거래 관계에 있어서 이런저런 타박이나 불이익을 받을 수도 있다.

흔히 저지르는 실수가 주식회사라는 단어를 앞에 놓느냐 뒤에 놓느냐이다. 즉, '주식회사 ○○'를 자기 임의로 '○○주식회사'라고 표기하는 것. 주식회사라는 단어를 앞에 놓을 것인지 뒤에 놓을 것인지는 그 회사의 법인 등기 시 (개인 사업자라면 사업자 등록 시) 창업주의 뜻에 따라 결정된다. 그러므로 거래 회사나 기관의 명칭은 반드시 재확인하고 가급적이면 줄이지 않은 채 원래의 표기 그대로 사용할 일이다.

수신란에 해당 기관장의 직위를 쓰고, 그 다음에 이어서 괄호 안에 그 업무를 처리할 부서장의 직위를 쓴다. 그러므로 여기에도 '기전팀'이 아니라 '기전팀장'과 같이 '장'이라는 글자를 반드시 붙여 넣어야 함에 유의하라.

결재란 무엇인가

최종 결정권자인 사장의 서명을 받으면
해당 서류는 결재를 받은 사안으로 간주되어
그 일을 실제로 집행할 수 있는 근거가 된다.

회사에서 사무를 처리하려면 반드시 결재를 받아야 한다. 그렇다면 결재決裁란 과연 무엇일까?

결재는 부하 직원이 제출한 안건에 대해 조직의 의사意思를 결정할 권한을 가진 사람이 검토, 확인하고 '그렇게 해도 좋다'고 허가하거나 부결하는 행위를 말한다.

각 의사 결정권자는 사안의 중하고 덜함에 따라 다를 수 있지만, 최고 의사 결정권자는 항상 기관의 대표 직위를 가진 사람이 된다.

최고 의사 결정권자란 어떤 결정을 하는 데 있어 가장 높은 사람이란 뜻이다. 회사라면 통상 대표이사나 사장 등의 직책을 가진 사람이 최고 의사 결정권자가 된다.

결재는 문서로 작성한 기안 서류에 결정권자들이 도장을 찍거나 서명함으로써 결정 또는 부결否決에 대한 의사 표시를 하게 된다.

결 재	담당자	팀 장	본부장	부사장	사 장

즉, 위 그림과 같은 형태의 결재란이 있다면,

① 기안 서류에 담당자가 서명한 후 팀장에게 올린다.

② 팀장은 담당자가 기안한 서류 내용을 검토하는 과정에서 틀린 내용을 바로잡거나 자신의 의견을 덧붙인 후 서명한다.

💡 이러한 과정은 최종 결정권자인 사장에게 서류가 제출될 때까지 본부장 및 부사장 결재 과정에서도 반복된다.

③ 최종 결정권자인 사장의 서명을 받으면 해당 서류는 결재를 받은 사안으로 간주되어 그 일을 실제로 집행할 수 있는 근거가 된다.

결재는 결재란 좌측부터 우측으로, 즉 낮은 직책으로부터 높은 직책으로 가면서 결재를 하게 되는데, 이를 상향식 결재라고 한다. 통상적으로 결재라 하면 상향식 결재를 의미하지만, 이와는 달리 외부 기관으로부터 공문이 접수되는 경우에는 하향식 결재를 하게 된다.

회사에서 일어나는 모든 사안은 원칙적으로 최고 의사 결정권자의 허락이 있어야만 집행할 수 있다. 그러나 아주 작은 일까지 미주알고주알 회사 대표자의 허락을 받도록 한다면 득보다 실이 많다. 아마 대표자는 하루 종일 이런저런 의사 결정을 하느라 다른 일은 아무것도 할 수 없게 될 것이다. 그래서 마련하고 있는 것이 위임 전결委任專決이라는 사무 처리 방식이다.

위임 전결이란 사안의 크기에 따라 하위 직책에서도 의사 결정을 할 수 있도록 각 직책별로 대표자의 권한을 위임해 놓은 것을 말한다.

물론 회사의 경영 방침, 기본 계획 수립 및 중요 집행 사항은 여전히 최고 의사 결정권자가 결정한다. 그러나 세부 시행 사항이나 경미한 사항은 그 이하 직책에서 결정할 수 있도록 미리 정해 놓으면 빠르고 효율적으로 업무를 처리할 수 있다. 통상 각 직책 간 권한은 중요성, 난이도, 업무량 및 집행 금액을 고려하여 합리적으로 정하게 된다.

전결 권한 기준을 예시하면 다음과 같다. 일상적인 개인 경비 집행에 관한 지출 결의에 있어서,

- 50만 원 이하 금액은 팀장 결정
- 500만 원 이하의 금액은 본부장 결정
- 5,000만 원 이하 금액은 부사장 결정
- 5,000만 원을 넘는 금액은 사장 결정

이렇게 직책에 따른 결정 권한을 회사 규정으로 정해 놓고 모든 임직원은 이 원칙에 따라 업무를 처리하면 된다. 여기서 각 직책에 따른 전결 금액 규모는 회사의 형편이나 규모 등 저마다의 실정에 맞게 정하면 될 것이다.

위임 전결 규정을 만들어 놓으면 사장은 비교적 큰 비용의 지출에 대해서만 결재를 하면 되므로, 시시콜콜 작은 일에 간여하지 않고 사장으로서

해야 할 본연의 업무에 집중할 수 있다. 또한, 부사장, 본부장 그리고 팀장 등은 각 직책별로 사장의 결정 권한을 위임받아 업무를 처리하게 되니 주인 의식과 사명감을 가지고 일할 수 있다.

다음은 부사장이 전결하는 경우를 가정한 예시이다. 이때에는 부사장 서명란 좌측 상단에 전결 표시를 하고 사선을 그어 부사장 서명란을 지운 후 부사장이 사장 결재란에 서명한다.

결재	담당자	팀 장	본부장	부사장	사 장
				전결	

위 그림을 보면 전결권자인 부사장이 사장의 위임을 받아 해당 사안에 대하여 최종 의사 결정하고 집행한다는 위임 전결 본래의 취지가 잘 드러나 있다.

결재는 조직 내에서 의사를 결정하는 것 외에도 어떤 사안에 대하여 각 단계별로 여러 사람이 힘을 합쳐 좋은 계획을 세운다는 의미도 크다. 따라서 팀장이나 본부장 등 중간 관리자들은 담당자가 기안해 올린 문서에 대해 단순히 통과 의례 정도의 의미로만 생각해서는 안 된다.

잘못된 내용이 있다면 바로잡고, 더 좋은 생각이 있다면 덧붙여서 최종 결정권자에게 갔을 때에는 기안 문서의 내용이 해당 조직에서 최선을 다한 결과물이 되도록 힘써야 한다.

또한, 담당자가 기안한 내용에 대하여 팀장이 결재하였다면, 그 순간 그 내용은 담당자와 팀장이 합심해 기안한 내용이 되는 것이다. 즉, 본부장 결재 과정에서 어떤 잘못이 지적되었다면 담당자보다는 오히려 팀장이 더 부끄러워하고 책임을 통감해야 마땅하다. 그러므로 각 직책별 중간 결재자와 최종 결재권자는 아랫사람이 올린 기안 서류에 못마땅한 내용이 있다면 얼마든지 내용 보완을 요구할 권리가 있다.

결재, 즉 결정 권한에는 그에 상응하는 책임이 항상 뒤따른다는 점을 명심하라.

비즈니스 커뮤니케이션 :
이메일을 통한 코칭 사례

DG Kim <dgkim.PE@gmail.com>   2013. 4. 28.

SB Park에게

박 이사님,

우선, 슬라이드 구성에 대해 코멘트하자면, 처음에 우리가 누구인가 (즉, '여행떠나기'가 누구인가)하는 내용이 먼저 나오던데……. 이것이야 말로 정말 피해야 할 구성입니다.

듣는 사람 입장에서는 당신이 누구인가가 중요한가보다는 우리의 관심사에 대해 무엇을, 어떻게 풀어줄 것인가가 우선이며,

그다음에 그러한 사항을 풀어나가는 데 있어 왜 '여행떠나기'가 가장 적임인가를 설명하는 것이 중요하기 때문입니다.

종종, 여러 회사 간에 경쟁적으로 프레젠테이션을 하게 되는 경우 시간 제한이 있을 수도 있는데, 그때에는 더욱… 내가 누구인가를 설명하는 데 시간을 쓰는 것보다는, 당신에게 어떻게 해주겠다는 쪽에 시간을 할애하는 것이 현명한 방법이지요.

따라서 회사 소개는 맨 마지막 쪽에 한 챕터를 넣어서 시간이 허락하면 설명하고, 아니면 말고 정도로 구성하는 게 좋습니다.

둘째, 목차를 구성할 때 그냥 모든 내용을 나열식으로 할 것이 아니라, 관련 있는 것끼리 모아서 서너 개의 챕터(chapter)로 구성하는 게 좋을 것입니다. 실제 슬라이드에서도 챕터가 넘어갈 때마다 간지間紙를 넣어서, 듣는 사람으로 하여금… '아, 이제부터는 식당에 대해 설명하는구나, 관광지에 대해 설명하려나 보다.' 하며 딱딱 매듭이 지어질 수 있어야 하죠.

셋째, 슬라이드에 너무 텍스트가 많이 들어가 있습니다. 텍스트는 개조식으로 간결하게 적고, 하고 싶은 말은 슬라이드 노트에 적어두었다가 외우거나 낭독하거나 해야겠지요.

넷째, 슬라이드 텍스트의 글꼴이 너무 산만합니다. 이런 모양 저런 크기의 텍스트가 일관성 없이 들어가 있으니 깔끔한 맛이 없고 아마추어 느낌이 나는 것이지요.

제목과 본문의 글꼴을 전문적인 느낌이 나는 것으로 선택하되 일관성 있게 사용하는 것이 좋겠습니다.

마지막으로는 파일 크기가 너무 커요. 13.4 MB 던데... 아마도 이것은 삽입된 그림의 용량이 커서 그런 듯하네요. 파일 크기가 크면 처음 파일을 열 때 시간이 오래 걸리고, 컴퓨터 성능에 따라 슬라이드를 넘길 때 시간이 오래 걸릴 수도 있어서 바람직하지 않지요. 그러므로 사용될 그림의 용량이 불필요하게 커지지 않도록 미리 그래픽 프로그램으로 줄인 다음 파워포인트에 삽입하는 등의 조치가 필요합니다.

위에 지적한 내용을 모두 반영하여 파일을 완성시켜 드리면 좋겠지만 비주얼 디자인(visual design) 부분은 전문성을 요하는 것이라, 제가 직접 하는 데 한계가 있네요.

저와 함께 일하는 직원이 전문 역량을 가지고 있지만, 회사일이 아닌 걸 시킬 수가 없어서 문제이고요. 혹 (시간과 예산이 허락한다면) 주말에 알바 해보겠느냐는 제안은 할 수가 있을 거라는 생각인데... '여행떠나기'의 입장이 어떤 것인지 몰라 제가 정할 수는 없는 문제이네요. 생각해 보시고 연락주세요.

어쨌든 슬라이드 구성과 텍스트 조정 (일부에 대해서만) 등에 대해서 제가 생각하는 것을 반영하여 재배치해 내일까지 보내 드릴게요. 디자인은 손대지 않은 채.

--

김동근

맺 는 말

여기 적은 내용이 전부는 아니다.

막상 시작하니 마음과는 달리 쉬운 작업이 아니었다. 적고 싶었던 얘기는 많았지만, 어떤 것은 글 솜씨가 부족해서 또 어떤 것은 활자화하기에 적합하지 않은 주제라는 이유로 책에 담지 못했다. 이렇게 차 떼고 포 떼고 나니 과연 책 제목에 걸맞을 정도로 충분한 내용이 다루어 졌는지에 대한 자성도 없지 않다.

그럼에도 이 책을 읽고 입사한 신입 직원들이 좌고우면, 좌충우돌 없이 제대로 방향을 잡고 출발하는 데 조금의 보탬이라도 될 수 있다면 더할 나위 없는 기쁨이겠다.

물론 여기에 펼쳐 놓은 얘기가 필요한 것의 전부는 아니다. 현실 세계 에서는 훨씬 더 다양한 도전 과제가 숱하게 등장할 것이며, 그들 하나하 나를 스스로 헤쳐 나아가다 보면 '초보 직딩'은 자신도 모르는 사이 역전 의 용사로 거듭나게 될 터이다.

책의 내용 중 지은이로서 가장 힘주어 말하고 싶었던 내용을 한 가지 짚으라면 '부패한 직원 되지 않기'라는 꼭지를 들고 싶다. 여기서 나는 모 든 직딩들에게 공명정대하게 맡은바 소임을 다하라는 주문을 하고 있다. 이는 우리 사회에 가장 절실하게 요구되는 덕목이기 때문이다.

이 글을 쓰고 있을 무렵, 많은 국민들의 가슴을 아프게 한 세월호 참사가 발생한 지 보름이 지났다. 매스컴을 통해 각계의 전문가들이, 또 일반 국민들이 삼삼오오 모여 사고 발생 원인과 이런저런 처방에 대하여 각자의 생각을 낸다. 매뉴얼의 부재와 교육 훈련 문제, 그리고 품질에 관한 문제를 지적하기도 한다.

다 맞는 얘기다. 하지만 모든 잘못에는 근인近因과 원인遠因으로 일컬어지는 인과 관계가 있게 마련. 차제에 모든 원인의 뿌리가 되는 근원根源을 거슬러 올라가 따져 보는 것 역시 의미가 없지 않을 것이다. 그런 생각으로 사고의 근본 원인을 들여다보면 예외 없이 부정부패와 무사안일의 썩은 뿌리가 드러나는 작금의 현실이 심히 개탄스럽다.

부디 이번 사고를 계기로 '검든 더럽든 가리지 않고 재물을 모아 배불리 먹고 입으면 좋은 것'이라는 우리 사회의 잘못된 가치관이 바로 잡히기 바란다.

백지처럼 순수했던 신입 직원이 기성세대에 물들어 썩어가는 악순환을 그대로 방치한다면 우리의 미래는 암울하다. 우리나라를 조금이라도 더 나은 방향으로 만드는 데 미력이나마 보태려는 각자의 노력이 절실하다. 우리의 아이들에게 보다 나은 세상을 물려주자는 생각으로 각자의 소임을 공정公正하게 처리할 때 이 같은 어처구니없는 일들이 사라지지 않을까 감히 생각한다.

이 책은 회사라는 조직 생활을 먼저 시작한 선배가 후배를 권면勸勉하는 느낌으로 적었다.

'회사'라는 단어는 책의 전반에 걸쳐 모든 종류의 직장을 총칭하는 용어로 쓰였다.

주로 신입 직원을 겨냥해 썼지만 더러는 중견 직원이나 고급 간부가 함께 읽고 느낄 수 있는 내용도 있으리라 생각한다.

예산이 부족하고 시간이 없어 직원들을 제대로 교육하지 못하는 수많은 기업에서, '직딩의 정석'이 직원들의 기본을 다지는 책으로서 작은 역할이라도 할 수 있기를 바라며 많이 부족하고 거친 내용이지만 용기를 내 세상에 펼친다.